健身理论指导

周洪生 著

吉林文史出版社

目录

第一章　人体的发展与体育健身

第二章　社会的发展与体育健身

第三章　体育健身过程和内容

第一章

人体的发展与体育健身

体育运动是随着人类的发展而产生的，正是因为有了不断的运动，人类的生命才能不断地向前发展和延续。人类宝贵的财富——健康和长寿俨然离不开体育运动。体育运动能够促进人的健康发展，能够进一步挖掘生命的潜能。同时，体育运动与社会发展的关系也非常密切，关系着个人的健康和社会的可持续发展。了解和掌握体育运动健身的相关理论，并不断运用在日常的体育锻炼当中，将很好地促进我们的身体健康和社会的和谐发展。

个体的正常生存是建立在身体健康的基础上的，而人体的健康

要遵循生命的规律，人体的发展离不开健康、体质和长寿三个关键词。影响人体发展主要有先天和后天两大因素。体育健身运动具有心理学、生物学和生理学基础，对促进人体各器官系统的发育、发展身体运动能力、提高人体适应能力、发展智力，以及改善人的精神和社会生活质量等，都具有非常重要的意义。

人体发展追求的三大目标

人体的发展是指建立在遵循生命规律的基础上的个体正常生存和良好运行的状态。人体发展有三层含义：其一，在儿童少年时期，人体发展在于促进有机体的生长发育，提升身体机能水平；其二，在青壮年时期，人体发展在于改善和维持已有的身体机能水平，维护健康水平；其三，在中老年时期，人体发展在于延缓和减慢身体机能的衰老过程，维持更长的生存年限并善终天年。健康、体质与长寿是人体发展的三个中心概念，也是人体发展的过程中所追求的三大目标。健康状况良好、体质优越、长寿，是人类对自身身体状况的基本的和始终不渝的追求，是个体的理想目标之一。古往今来，斗转星移，无数的学者和医者，为了人类的身体康强、延年益寿而不断求索。直到今天，在现代科学库中，不少科学家也都把它们列为不断探索的课题。人类的不懈努力，已在逐步揭开这三大目标的真实内涵。

❖ 健康

当今社会，人们的生活水平日益提高，于是人们越来越希望自己能够健康长寿。按照现代生活的标准，至少 80 岁以上的人才算得上是长寿。所谓的长寿，即人的实际年龄（生理年龄）比较长，但它同人的心理年龄是密切相关的。实际年龄大的人，他们的心理年龄不一定大，而一般都会保持良好的状态，这也是这部分人能够长寿的秘诀。

世界卫生组织认为，心理和生理同样健康才是真正的、完全的健康，才能够长寿。那么究竟什么样的人才是生理和心理都健康的人呢？根据权威研究机构多年的研究，总结出以下一些标准。

简单地说，生理健康的人一般会保持充沛的精力，能够有效地解决和应付生活工作上的各种问题和压力，而且在精神和身体上不会感觉到太大的压力。具体说来，包括下面几点：

1. 有积极乐观的生活态度，能够顺利应付生活工作中出现的问题；

2. 心胸开阔，有责任感；

3. 能够很快适应新的环境；

4. 体重适当，身体匀称；

5. 睡眠良好，精神饱满，能够抵御一般性的传染病和其他疾病；

6. 走路轻松，反应敏捷，身体无发炎情况，也无疼痛感；

7. 皮肤光亮红润，肌肉有弹性。

生理健康标准如果符合以上标准，基本上就能够确定他是比较健康的。但是，仅仅是身体健康还算不上是完全的、真正的健康，只有同时拥有健康的心理才是真正的健康。世界卫生组织提出以下几条判断心理是否健康的标准：

1. 有正确的人生观和价值观，有符合常理的社会道德感和伦理观念；

2. 能够正确看待和处理生活工作中的困难和挫折；

3. 能够用积极乐观的态度去生活和工作；

4．心胸宽广，乐于助人，能够与他人正常交往，可以和他人建立友谊；

5．有独立的人格而不需特别依赖别人，有创新观念和适当的幽默感；

6．热爱生活，热爱国家，热爱大自然。

一个人如果符合以上的几项标准，我们就可以说这个人是一个心理健康的人，是同时具有健康身体和健康心理的人，是一个真正健康的人。根据这一点，我们可以用保持健康生理和心理的办法来延长实际年龄，而且事实证明，这样做是可行的。

人体生长发育正常、各器官系统没有疾患或不适是对人体健康的基础评价。然而，心理的健康与社会的安宁也应纳入人体健康的范畴。心理健康是现代人对健康的一种全新认识。由于人具有自然和社会双重属性，在人的生活经历中，难免会受社会因素的影响和干扰，如政治、经济、战争、教育、居住以及冲动、孤独、紧张、恐惧、失落、忧患等不利因素，常使人在心理上难以承受，从而影响心理健康。总之，现代人对健康的关注，应当从身心和社会多个方面着手，不应仅仅局限于生理健康单一方面。

❖ 体质

体质是一个含义广泛、内涵丰富的综合性概念。体质是指人体的质量，在遗传性和获得性的基础上表现出来的人体形态结构、生理机能和心理素质的综合的相对稳定的特征。

体质的内容包括体格、体能、机能、适应能力和精神状态等。体格是指人体形态、结构的发育发达水平。它主要包括人体生长发育水平、体型及身体姿态。机能是指各器官系统的功能，如脉搏、

血压、肺活量是反映心血管（循环）系统和呼吸系统功能水平的典型指标。体能是人的各器官系统的功能在肌肉活动中所表现出的能力，它主要包括身体素质（如力量、速度等）和身体基本活动能力（如走、跑、跳、投等）。适应能力则指人体在适应外界环境时所表现出来的能力。心理状态主要指个体的心理品质和心理过程的协调性。

体质与健康之间存在着密切一致的关系，二者在“身体好”的基础上具有充分的一致性。体质好的人一般来说身体是健康的，而身体健康者的体质往往也较好。然而，体质与健康的含义也有许多不同。现代意义上的健康概念尽管已从身体的角度扩大到心理、社会和道德的领域，但应当重视的还是健康的内涵，即所谓狭义健康。一般而言，狭义健康是指人体与外界环境之间的协调和统一的程度，即人体各器官对于内外环境适应能力的大小。评价健康的主要标志是人体各器官系统的形态发育和结构功能是否正常，人体各器官系统是否存在器质性或功能性病变。而体质则是对人的身体状态所进行的综合性质量评价，较为综合地表现出人的体力的强弱和运动能力的高低。体质是人们生活、工作乃至延年益寿的物质基础，也可以看成是健康的保障条件。在用体质和健康这两个概念对身体状况进行描述时，可以反映出两个不同的水准。身体健康是体质好的起码条件，但同是健康的人，其体质却是各不相同的。为评价人体的健康与体质状况，所采用测定、评价的方法和指标也是不相同的。健康状况的评价通常用人体测量、体格检查和各种生理指标来测量，以确定其身体器官系统和部位的形态功能是否正常。在评价一个人的体质时，首先要考虑其健康状态，然后，再从形态、身体素质和运动能力、心理等方面进行综合测定与评价。总而言之，评定人的健康水平，主要看其各器官系统的功能是否正常，评定人的体质水平，主要看其各器官系统的功能水平的高低。

针对体质这一概念，必须正确理解体格、机能、体能、适能和心理状态等方面的关系。体格与体质关系密切，是体质的外在表现。同时，体格也是人体机能能力的物质基础。研究表明，体格与体质强弱的相关系数，一般男性为0.7814，女性为0.6412。体格属于身体形态结构的范畴，是与身体机能相互联系、不能截然分开的。体能与体质也有密切的关系。研究表明，体能与体质的相关度最高，男性 0.9119，女性 0.8263。因此，体能是衡量一个人体质水平的重要因素，是体质状况的重要行为特征。体质与健康的概念中都强调了“适应能力”这一因素，但表现方式也有一定的差异。健康概念中的对环境的适应能力表现在异常环境下的机能正常，不生病。而体质概念中的适应能力，则表现在异常环境下身体能力表现水平的高低。心理状态列入体质的范畴为题中应有之义，这是因为，人的身体与人的精神是关系密切、密不可分的。

❖ 长寿

通常以年龄作为衡量寿命长短的尺度。生命过程发生、发展和消亡的动态变化是通过寿命来体现的，同时，人的寿命是有一定期限的。人的寿命究竟有多长，是古往今来人类共同关心的一个问题。现代科学正在不断探索生命之谜，各种学说也不断问世。较为典型的有以下几种：

1. 性成熟期测算法。哺乳动物寿命一般为性成熟期的 8 ～ 10 倍。人的性成熟期为 14 ～ 15 岁，由此推算出人的寿命应在 110 ～ 150 岁。

2. 生长期测算法。哺乳动物的寿命相当于生长期的 5 ～ 7 倍。人的生长期为 20 ～ 25 岁，由此测定人的寿命应为 100 ～ 175 岁之间。

3. 细胞分裂次数与分裂周期测算法。哺乳动物的寿命是其细胞分裂次数与分裂周期的乘积。人体细胞分裂次数为 50 次，分裂周期平均为 2.4 年，由此测定人的寿命应为 120 岁左右。

海南三亚的百岁老人

人体通过成熟逐渐走向衰老，衰老的过程，是生命过程中发生的结构与生理功能的退行性变化，使机体逐渐趋向死亡。衰老具有四种特性：原发性，即衰老是随年龄增加而发生的变化，不是因疾病而导致的衰退性变化；障碍性，即衰老必定伴有一种或多种功能障碍；进行性，即进行下去而不可逆转的变化；普遍性，即衰老是生命发展的普遍规律，任何个体、任何器官都不可避免地要衰老下去。

衰老具有以上四种特性，因而是不可逆的。然而，人们还是要尽其所能，采取各种措施，挖掘生命的潜能，以推迟衰老，防止早衰，延长人的寿命。

人类探求抗衰延寿的实践道路，与整个人类文明史一样久远，积累了许多今天看来仍值得借鉴的宝贵经验。中国传统医学的重要内容之一——中国传统养生学，为现代健身理论的建立提供了坚实的基础。现代社会学、老年学、老年医学、心理学、营养学等多门学科，也把延年益寿作为自己的研究课题。我国目前广泛进行的关于人体健康、体质与长寿方面的宣传和研究，反映出一个民族对前途的期望和信心。

随着现代医学的不断发展，人的寿命大为延长，许多工业发达国家已先后进入老年社会。按照国际通用的标准，60 岁以上老年人口达到 10%、65 岁以上老年人口达到 7% 即为进入老龄化社会。按此标准计算，我国从 1999 年起就已经进入了老龄化社会。据统计，目前我国老年人口已经达到 1.44 亿人，并以平均每年 200 万人和 3.2% 的速度急剧增长，60 岁以上老年人口占总人口比例约为 11%。人的寿命的延长，老年人口的增多，标志着社会的进步和发展，但由此而引发的诸多社会问题不容忽视。因此，长寿与健康、体质一起，应该成为生命科学和社会科学中必须得到重视的重要课题。

健康、体质与长寿这三个概念，尽管概念各异，却是三位一体，

其联系极为密切，难以割舍。良好的健康状况是增强体质的前提条件，体质优越是人们健康生活的重要保障，理想的健康和体质状况，必然促进着个体的益寿延年和健康生命的时间延长。因此，身体健康、体质壮健和延年益寿，是每个人对身体状况刻意追求的终极目标，它反映了人类对生命本质的认识和对美好现实生活的向往，是改造自然和推动社会进步的积极力量，人类正在为这三大目标的逐步实现而创造条件。

影响人体发展的因素

人的发展取决于多种因素，是各种因素相互作用与建构而形成的结果。人们对这些因素有不同的划分，对其在人的发展中的作用也有不同的认识。影响人的发展的因素可以区分为内部因素和外部因素。内部因素主要包括人的遗传素质、过去的经验和人的主观能动性；外部因素主要指环境的影响。

❖ 内部因素

关于内部因素这里着重介绍一下“遗传”这一重要因素。遗传是指个体从上代继承下来的生理解剖上的特点，如机体的结构、形态、感官和神经系统的特点等。这些遗传的生理特点，也叫遗传素质。在遗传下来的生理解剖特点中，生理特点指功能特点，如出生后感觉的灵敏度、知觉的广度、注意力的持久性、记忆的强度、思维的灵活性等。解剖特点是指机体的器官和系统的结构特点。

遗传对人的影响是很明显的。先天具有较差遗传的个体，如难治愈疾病的遗传，出生后哪怕环境和条件十分优越，仍很难成为一个正常的人。遗传对人体的影响是多方面的，不仅人的形态性状在相当大的程度上是由遗传所决定的，而且人的机能性状、身体素质和运动能力性状，甚至人的行为特征和疾病性状都与人的遗传有一定的关系。为了评估遗传因素对机体某一性状作用力的大小，人们使用遗传力（或遗传度）这一概念，其量化指标则是遗传系数。它实质上表达了亲代的某种性状在子代身上所体现的程度大小。

❖ 外部因素

先天遗传因素对人体发展尽管起着重要的作用，是人体发展的内因和依据，但它只提供了一种潜在的可能性。要把这种可能性变成现实，后天因素起着决定性作用。狼孩儿的发现就是典型的例证。从众多野兽哺育婴儿的事例可以看出，这些“狼孩儿”由于脱离人类的社会生活多年，他们就失去了人的基本特征而具有野兽的习性。他们通常不会说话，不能直立走路，却学会了吃生肉，白天睡觉，晚上活动。

后天因素按照个体对其的作用性质，可包括两个方面，即环境因素和锻炼因素。

1. 环境因素

环境是指人们周围或外部世界的条件和境况。环境对人的健康、体质与长寿的影响是多种多样的。体育生态学的研究告诉我们，环境对人体的影响是极其广泛的，现代社会有义务优化人类的生存环

境，人体发展的任务之一就是提高机体对环境的适应能力。

（1）自然环境

自然环境指环绕着人类并影响人类生存与发展的自然界，主要有大气、土壤、水、岩石、植物、动物、太阳等。这些因素对人的健康、体质和长寿有着直接的影响。对长寿者居住环境的调查发现，他们中大多数居住在农村、海滨或山区，居住在农村的长寿者可达80%。世界上有三个长寿区，即苏联的外高加索地区、巴基斯坦的欣扎地区、厄瓜多尔的比尔卡班巴地区，这几处都是农村或山区，年平均气温在 17℃～ 22℃。

多年来，由于生产的工业化和城市现代化，使人类的自然和生态环境遭到极大的破坏。如环境污染、温室效应和全球变暖、海平

面上升、臭氧层破坏、气候异常、植被破坏、水土流失、土地荒漠化、淡水资源缺乏、生物多样性破坏等，是全人类生存共同面临的严峻课题。它不仅影响到人类的健康和体质，而且从根本上威胁着人类的生存繁衍。维持自然环境的洁净和人类生态环境的平衡，是人类共同面临的任务。

（2）卫生环境

卫生环境由饮食卫生、生活习惯卫生、环境卫生、运动卫生等部分组成。人类在漫长的生存繁衍的历程中，对卫生的认识经历了一个由无知到知、由自然到自由的漫长的过程。人类对卫生环境作用的认识和实践，直接促进着人类的健康、体质与长寿。原始社会里人类的寿命极短，其中重要的原因是缺少最起码的卫生保障。当今世界上许多第三世界国家的人均期望寿命较低，重要原因也在于这些国家的民众缺少应有的卫生意识和相应的卫生条件。据 1983 年世界卫生统计年鉴公布的材料，在对世界各国人口死亡原因的分析中，发达国家中来自卫生原因的传染病、寄生虫病导致的死亡率极低，而在发展中国家，传染病、寄生虫病等导致的死亡率，在人口死亡率中占到 18%，成为仅次于呼吸系统疾病的第二大死因。

生活习惯或生活方式的卫生，对人体的健康长寿也有极大的影响。今天，许多不良的生活方式，如吸烟、酗酒、吸毒、滥用药物、异常性行为等，已经成为威胁人类健康的大敌，许多国家和政府正在为消除这些社会公害进行着不懈的努力。当然，运动员队伍中的服用兴奋剂现象，已经不只是个人不良习惯和个人卫生的问题，而是涉及人的体育道德和社会道德的重大问题。

（3）食物营养环境

食物是人体生长的必需品。食物的质量、品种和数量能够直接

反映出人们所获取的营养水平的高低，并从根本上影响到人的健康、体质和寿命。在人类历史上也是越靠近远古，人的寿命就越短，其中一个重要的原因是不能按时获得足够的食物和营养。现代人的体质增强，寿命也大幅度地延长，其根本原因也在于生产力得到飞速发展，从根本上满足了人们对食物和营养的需求。从体育学和营养学的角度来看，人类所创造的物质财富，即使排除社会政治因素的不利影响，也不可能在短期内充分满足每一个个体的食物营养需要。因此，改善人们的食物和营养状况，既是促进人类发展和社会稳定的需要，同时也是改善人体自身，促进身体良好发展的根本途径。

食物结构的合理性，关系到人体所获得的营养成分搭配是否得当。食物中的营养成分主要有水、无机盐、维生素、脂肪、糖、蛋白质和食物纤维等 7 种。它们中的每一种对于促进人的正常生长发育，维持人的健康、体质和长寿都是必要的。保证食物中的营养平衡，克服偏食和过分节食，是维持正常生命活动的需要。同时要防止不良烹调习惯造成食物中不必要的营养流失。

（4）社会心理环境

社会环境指人类在自然环境基础上创造和积累的物质文化、精神文化和社会关系的总和，主要包括人类赖以生存和发展的物质条件、人与人之间复杂的社会关系以及社会意识形态等。社会心理环境对人的健康与体质同样有着重要的影响。不同的社会制度，人们

在一定社会中所处的政治经济地位，不同的地区风俗习惯，与人们的需要满足程度密切相关。人类的祖先依赖自然生活，以采集野果和狩猎为生，物质生活条件极差，因此人的寿命极短。如在青铜生铁时代，人类的平均寿命只有 18 岁。我国在新中国成立前人民生活贫困，平均期望寿命只有 35 岁。而在今天，中国人的平均期望寿命已达 70 多岁，这不能不归功于我国政治经济条件的发展所带来的社会心理环境的安适。

人们所处的心理环境（或氛围）对于维护人的心理健康，进而促进人的体质发展亦有十分重要的意义。社会越是进步，文明程度越高，人的心理感受的内容就越多、越复杂。人的情绪总是要对周围现实的各种事物做出反应，并对人的整个心理状态产生影响。情绪有积极和消极之分，愉快的情绪能愉悦人的身心，陶冶人的情怀，对人的体质健康有利。消极的情绪，如冲动、孤独、紧张、恐惧、失落、忧患等，则会影响机体的调节功能，使人体的正常活动受到阻碍。另一方面，现代社会结构的复杂多样，人们对实现其个人价值的迫切追求，以及现代社会的竞争加剧，生活节奏加快，也会使许多人精神紧张，茫然不知所措。如果不注意通过调节手段将其控制在一定范围内，久而久之，就会造成各种身心疾患。实践证明，在人们生活的社区或工作单位里，营造健康向上、正常和睦的社会环境和心理氛围，对维护身心健康是十分必要的。

2. 锻炼因素

这里所讲的锻炼因素指各种促进人的有机体优化的手段和措施，其中最为典型的则是体育锻炼，就一般而言，如果排除体育锻炼的因素，人也会按照生命的规律，沿着生长、发育、成熟、衰老、死亡的道路走完自己的一生。体育锻炼可以提高脂质代谢过程，使血

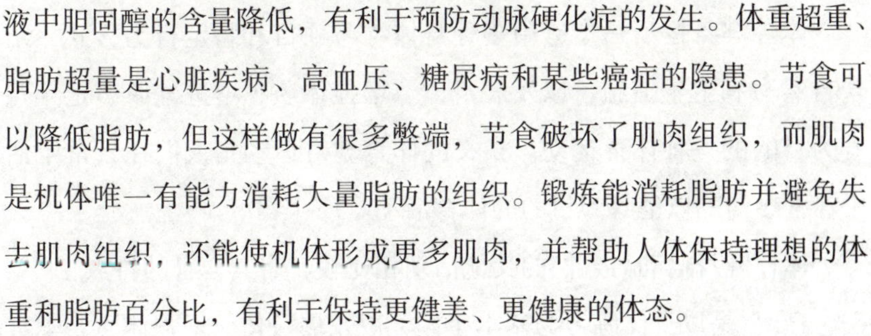

液中胆固醇的含量降低，有利于预防动脉硬化症的发生。体重超重、脂肪超量是心脏疾病、高血压、糖尿病和某些癌症的隐患。节食可以降低脂肪，但这样做有很多弊端，节食破坏了肌肉组织，而肌肉是机体唯一有能力消耗大量脂肪的组织。锻炼能消耗脂肪并避免失去肌肉组织，还能使机体形成更多肌肉，并帮助人体保持理想的体重和脂肪百分比，有利于保持更健美、更健康的体态。

体育锻炼是充分挖掘个体的生命潜能，努力扩大机体各器官系统的功能和张力，最大限度地维持身体的正常健康状态，保证机体生命过程的正常延续和生命体的善终。也就是说，它通过积极有效的后天获得良性影响作用于人的机体，即通过物理、生理和心理能量等综合组合成的身体锻炼，去改善人体各器官系统的形态、机能、素质以及心理和智力状况等，使人体的生长发育更加完善，体格更健壮，最后达到增进健康、预防疾病、延年益寿的目的。因此，体育锻炼不是简单的适应环境，而是通过自身的主观努力，改变机体的物理、生理、心理和社会性状，达到个体与环境的统一。实践证明，体育锻炼是促进人体发展的积极手段和重要方法，对人体有着十分良好的影响，是遗传、环境、任何药品和营养品都难以取代的。倡导全民投身于科学的体育健身锻炼，是从根本上改造中华民族体质的一项重要战略措施。

体育健身的理论基础

体育运动是一个涵盖面极广的概念，是一种以身体练习为对象，适应社会政治经济的要求而组织的一种有目的的社会活动。对人体发展有重要影响的体育运动分支，则是作为本书研究对象的体育健身运动。

体育健身运动是指运用多种身体练习项目和特定行为方式，结合自然力和卫生措施，以发展身体、增强体质、增进健康、延年益寿为目的的一种体育运动。狭义的体育健身运动指人们在日常生活中经常参与的以健身为目的的体育活动。

体育健身运动与人们的其他活动相比较，有其自身的特点：

1. 它是以身体练习为基本手段，以发展身体、增强体质、丰富个人生活为目的。因此，在内容的选择、方法的运用上要遵循体育运动及人体生理活动规律；

2. 它要使人体承受一定的运动负荷，这样才能取得增强体质的实效；

3. 人类的劳动是为了改善人与自然的关系，而体育健身运动则是改善自身的自然属性和社会属性。

与学校体育教学和运动员的训练相比，体育健身运动也有其自身的特点。体育健身运动的重点是强身健体，不同于体育教学中以掌握体育知识技能为主和运动训练以提高运动成绩为主；在内容方法上灵活多样，不拘一格；在运动负荷安排上追求对健康和体质有利的水平而不追求大运动量和极限负荷；在活动效果的评定上，多采用健康检查、体质测定、群众体育比赛、《国家体质测定标准》达标等办法。

❖ 体育健身的生物学基础

为了说明身体锻炼是如何达到增强体质、增进健康的机理，探索身体锻炼定量和定性的标准，有必要了解体育健身的生物学基础，即作用于人体的各种运动形式。这些运动形式包括进化、遗传变异、生理生化等。

1. 体育健身的生物进化论机制

生物进化是一个普遍的过程。生物进化过程可发生在不同物种之间，如从猿到人的进化，也可发生在人类的漫长演化之中，如尾巴的消退、手功能的增长。进化过程所经历的时间十分漫长，变化的速度十分缓慢。然而每一个阶段在人类进化过程中却是不可缺少的，每个人无时无刻不受到进化规律的支配。

关于进化论的理论，有达尔文和拉马克两种学派，即自然选择和用进废退两种进化动力机制的阐述。体育健身运动与人类进化的关系在这两种理论中均可得到合理的解释。体育锻炼从总体上适应自然选择规律，在局部上遵循着用进废退的规律。

对人类总体而言，体育健身提供了一种自然选择的方式。它为人类身体的汰劣留良、发展进化提供了外部条件，使人类能逐代健康地繁衍下去。对于每个发育过程中的个体而言，体育健身是一个用进废退的过程。体育健身能使个体的运动器官及其他器官得到相应的发展，如肌肉体积和重量的增长，骨骼的增长和皮肤的加厚等。身体器官的用进废退是生物进化过程中的一种保护性反应，它能使生物和人体有效地适应外界环境的变化。这就是体育健身中“需要什么练什么”“哪里不足练哪里”的道理。

2. 体育健身的人体遗传学机制

体育健身可以适当地调节人体遗传的过程。身体锻炼对于人体来说，就是要适当合理地运用环境变异和遗传变异的规律，从而在后天因素中加强锻炼，使人在后天环境的影响下实现某些新的良好的环境变异，以增进健康，增强体质。同时，处于青春发育和生育阶段的青年一代健身锻炼，有利于提高下一代的健康和体质水平，以求将其优越的遗传品质传给下一代。如此循环往复，就有可能提高整个种族的体质水平。

要提高和改善中华民族的健康和体质水平，需要经过几代、十几代乃至几十代人的努力，这种努力也包括坚持不懈的体育健身锻炼在内。这是一项长期而艰巨的任务。我国人口的身体素质水平与一些发达国家相比，还有较大差距，近年来的学生体质健康调研表明，我国青少年的营养状况正在大幅度改善，然而体质健康状况远没有达到理想的程度。应该通过积极有效的体育锻炼，配合膳食、营养、医疗、卫生等综合措施，为国民的体质发展创造良好的遗传前提条件。

3. 体育健身的生理生化机制

人体的生理生化过程是生命这个耗散结构与外界进行物质、能量和信息三个方面交换的基本运动形式。它是保证生命存在的生物过程。人体生理生化过程中的新陈代谢，既取决于先天遗传素质，也受后天环境的影响。人体的生理生化过程变化较为迅速，常以小时、分、秒、毫秒为计算单位。同时，大多数生理生化的变化具有可逆的性质。

人是一个有机的活体，维持人体的生命活动需要一定的能量。人作为有机体，要对周围环境做出应答，同时做出各种反应动作。另外，人作为社会的人，也要完成各种各样的有目的的行为，就需要消耗大量的肌肉能量和神经能量，这些能量的摄取也是人体在进行物质代谢中实现的。

体育锻炼的基本功效，在于它是一个消耗体力的过程（促进体内物质的分解和能量的消耗），由此引起异化作用的加强，它破坏了人体内原有的同化与异化的平衡，导致了体质水平的暂时减弱。然而身体锻炼造成人体的这种消耗并不是到此为止，而是对机体产生一种新的刺激，促使体内同化作用的加强（同化作用适应异化作用的加强而加强），导致体内组织细胞内物质的补充、增加和积累。其最终使人的体质和健康水平提高。

除此以外，人体还要与周围世界进行多方面的信息交换，如人们在感受到外界环境温度变化的信息时，随即通过体内的体温调节系统对其加以中和、缓解，如通过排汗、呼吸来降低身体的温度，通过体表肌肉收缩来抵抗严寒的侵袭。人体在食入对身体有害有毒的物质时，也会通过消化和排泄系统的作用将其危害性降至最低限度。人体只有不断地与外界交换信息，才能有效地保持机体的有序和正常。信息的交换是通过人体的感觉器官、神经中枢、肌肉的生理生化功能来实现的。体育锻炼使人体物质、能量和信息密切结合，三位一体，促进着人的整体优化。

4. 体育健身的生长发育机制

个体的生长发育过程受到遗传过程的控制，其形态结构、生理机能、运动能力、心理特点直至寿命等各方面都要受到遗传的影响。这种影响是靠遗传程序来制约的。它为个体的生长发育确定了大致的方向和水平。但这种程序不是一成不变的，后天环境可以使这种程序发生一定程度的改变，体育健身就是调节这种程序的基本手段。

人体的生长发育发展过程不同于遗传过程，它不是发生在世代的衔接上的，而是发生在个体身上。每一个生长发育过程都是人类生命史上的一个周期，而每一个周期都为遗传变异产生累积，因而促进了人类的进化过程。

人体的生长发育发展过程具有如下特点：

（1）波浪性和阶段性。不同民族、地区、性别、时代的人，在身高、体重及身体各部分的长度、围径、宽度的年增长率、年增长值等方面，都随年龄增加而变化，变化曲线呈波浪形，并有明显的阶段性。

（2）非等比性。人体在其生长发育的各个阶段，均是一个统一完整的有机体，因而，人体各部分的生长发育有着相应的比例。但

各部分在同一时期及整个发育过程中又有先后之分，具有非等比性。

（3）统一性。同一种族、同一地区的人在形态机能、运动能力、生长发育速度、寿命长短等方面具有比较相近的共同规律。

人的生长发育发展对人的整个生命过程有着举足轻重的影响，其规律对指导身体锻炼具有重要的意义。它不仅指明了不同年龄的个体从事身体锻炼的必要性，而且也说明了身体锻炼必须经常、全面和因人而异。

❖ 体育健身的心理学基础

人的感觉、知觉、记忆、判断、思维等心理过程，以及兴趣、性格、意志等个性心理特征，都与人们的健身锻炼行为有密切的关系，它们直接影响着人们参加健身锻炼的自觉性、积极性和主动性。而健身锻炼的效果，又不断提高、改善和调节着人们的心理水平，诸如人的智力、意志品质和精神情绪。健身锻炼的心理学基础是一个相当复杂而重要的问题。

1．体育健身与心理健康

所谓心理健康是指人的内心世界丰盈充实、和谐安宁的态度，并与周围环境保持协调的状态。1946 年，第三届国际心理卫生大会对此定义为：心理健康，是指在身体、智能以及情感上与他人的心理健康不相矛盾的范围内，将个人心境发展成最佳状态。世界卫生组织具体指出心理健康的标志为：身体、智力、情绪十分协调；适应环境，人际关系中彼此能谦让；有幸福感；在工作和职业中，能充分发挥自己的能力，过有效率的生活。可见，心理健康不仅仅是指没有心理疾病，更重要的是指一种积极的、适应良好的、能充分发展其身心潜能的精神状态。判断正常人的心理健康程度，目前尚

无统一的测量指标。马斯洛等心理学家曾提出几项指标，可做量化评价心理健康的参考，即安全感、稳定感、信任感、自主感、归属感、幸福感、适应感和认同感（自我、家庭、社会）。这些指标的分值越高，心理健康状况越好。

生活节奏的加快，市场竞争以及生活压力的增大，使人们的心理障碍和心理问题出现了上升趋势。因此新的时期，人们也更加注意心理健康问题。可以说，体育健身运动能够对人们的心理健康产生积极的影响。

体育健身运动能够使人获得乐趣并感到愉快，从而有效地缓解社会竞争所带来的压力和挫折心理，保持乐观、自信、豁达、开朗

的生活态度。体育健身运动能够使运动者在运动中保持良好的心境，并产生积极的自我评价和心理满足感。相关研究表明，我国传统的东方健身术，如太极、气功等项目，能起到一定的“心理按摩”作用；有氧练习与心境改变和应激减少有关；慢跑可以降低焦虑和抑郁，提高应激忍受力。

2. 体育健身与情绪

情绪是人对事物的态度的体验，是人的需要得到满足与否的反映。研究表明，无论是坚持长期锻炼，还是一次性体育健身活动，都能对人的情绪产生良好的影响。人们早已注意到，身体锻炼能够产生良好的情绪体验。观察也表明，在许多体育健身活动中，会出现一种类似“跑步者高潮”那样的“体育锻炼快感”，当它出现时，往往会使运动者感觉到自身与情境融为一体，身体轻松，忘却自我，充满活力。也有研究证实，心理自我良好感与体育健身运动呈正相关关系，积极参加锻炼者比不锻炼者的自我感受和评价更积极，其中女子比男子的相关程度更高。这种良好情绪的产生，可能是体育锻炼对人产生生理的、心理的和社会的三个方面综合作用的结果。

3. 体育健身与动机

动机是推动一个人进行活动的心理动因或内部动力，其基本意义是能够引起人的活动，并使活动导向一定的目标，以满足个体需要等。这就说明，动机是人的内在过程，而行为正是这内在过程的结果。

动机和行为既可以由需要引起，也可以由环境因素引起。比如，有的人参加健身锻炼，既可能是出于维护个人健康的需要，也可能是由于周围朋友或同事的带动而起，还可能是上述两种因素的共同作用。根据唯物辩证法的基本观点，自身需要是活动的内因，环境

因素则是外因，外因通过内因而起作用，一般来说，某一时刻最强烈的需要构成最强的动机，而最强的动机则推动着人们的行为。人们带着不同的心理需要投身于健身锻炼，因此，人们的锻炼动机具有不同的层次、不同的指向，也具有不同的深广度。

人们参加健身锻炼有着社会动机和个人动机之分。前者如“为祖国健康工作而锻炼”等，这些动机较为高远，对人们的锻炼行为

起着长期而稳定的作用。但是，光有社会动机是不够的。个人动机对人们锻炼行为的影响更为直接。在个人动机中，“增强体质，保持健康，防治疾病”是大多数人所共有的主要动机。同时，对于不同的社会群体而言，又具有各自不同的健身锻炼动机。

当然，人们参加健身锻炼的动机不是单一的、一成不变的，常常是各种动机综合在一起发挥共同作用。其动机的主次顺序也会不断地交替更迭，它们直接受人们的生理、心理和社会需要所制约。

人们的研究认为，对社会各种群体而言，参加体育健身运动的动机至少有以下 6 方面：

（1）为丰富社会经验而锻炼。这里，参加体育锻炼可以满足某些锻炼者的社会需要。许多锻炼项目可以使人结交新朋友或维护和扩大现存的友谊关系。

（2）为强身健体而锻炼。这是大多数人进行体育健身锻炼的首要动因，它建立在个体对体育功能的认识和对身体健康的强烈需求的基础上。

（3）为消遣和寻求刺激而锻炼。如某些体育娱乐项目的勃兴，往往能使人精神愉快，充满朝气。

（4）为丰富审美经验而锻炼。许多人参加锻炼是为了丰富自己的审美情趣，或出于减肥需要，他们往往追求雅致的美、匀称的美，热衷于韵律操、体育舞蹈等项目。

（5）为精神发泄而锻炼。许多人参加锻炼是为了排解精神情绪上的紧张和压抑。

（6）为磨炼意志而锻炼。许多人自愿参加长时间的、枯燥的甚至十分艰苦的锻炼，或者在较恶劣的气候地理条件下锻炼，正是出于磨炼意志的需要。

与动机密切相关的是兴趣。参加体育健身运动的兴趣，是人们对身体锻炼活动所形成的一种个性意识倾向，它是产生参加健身锻炼动机的重要的主观原因。活动兴趣的产生，既与人们对活动目的的认识直接相关，也与活动所具的外部特征有联系。对于青少年和儿童来说，活动本身的趣味性是引起兴趣的直接因素，而兴趣又是他们保持健身锻炼热情的促进因素；老年人对体育健身活动的兴趣，则更多地建立在对活动目的的本质认识上。国内外的心理调查表明，大中小学生对趣味性、娱乐性、竞争性、对抗性较强的体育活动具有较高的倾向性。即使是成年人、老年人的健身锻炼，亦不能忽视培养兴趣这个因素。

4. 体育健身与习惯

良好的生活方式的确立需要靠习惯来维持。参加健身锻炼必须从小养成习惯，这是形成终身体育的重要前提。良好的身体锻炼习惯可以使人终身受益。健身锻炼的习惯可以形成稳固的条件反射，

促使机体的内分泌腺准时地参与活动，使人产生参加健身锻炼的生理需求。

在我国的中青年人中，参加健身锻炼的人数在该年龄层次总人口中的比例，比其他年龄组相对要少。对中国知识分子的健康状况和参加体育活动情况的调查，发现其健康状况偏差和体育活动偏少这一严峻事实。分析认为，产生这种社会现象，除了其他各种社会因素以外，从小没有养成锻炼身体的习惯则是一个重要原因。这首先说明，在学校体育工作中，应该加强学生锻炼习惯的培养，并着力向学生传授一些可供他们在今后工作和生活中锻炼的活动方法，为其终身体育锻炼打下良好的基础。其次，在指导各类社会成员的体育锻炼时，不仅要组织生动活泼的活动，而且也要注意培养和保持经常进行锻炼的良好习惯。只有这样，才能从根本上消除“三天打鱼，两天晒网”的不良习惯。

5. 体育健身与意志品质

健身锻炼对于培养人们的意志品质，诸如勇敢、顽强、坚毅、果断、自信心、自制力等方面均具有重要的作用。意志品质的培养，需要两个极其必要的条件，即“明确目的”和“克服困难”，而健身锻炼活动则同时具备上述两个条件。人们在具有明确目的的健身锻炼活动中，常常需要克服各种困难，如恶劣的气候条件、疲劳、疼痛、社会偏见，以及来自自身的心理障碍、负荷引起的身体不适等，这就需要足够的意志力量，特别是自制力来加以克服。只有不断地克服这些困难，才能逐步养成坚持身体锻炼的习惯。对于青少年学生来说，健身锻炼是对其进行意志品质教育的一种重要而有效的手段。但是，在体育健身活动中的良好意志和道德品质不是自然而然地形成的，它们是有意识培养和训练的结果，因此，要促进这些良好品质的形成，有目的的教育和引导是极其必要的。

❖ 体育健身的美学基础

爱美之心人皆有之，而美是可以追求的。身体锻炼的美学意义是人所共知和不容忽视的，而其基本功能则是塑造人体美。

1. 人体美的基本含义

人类的审美对象是多种多样的，大致可分为自然美、艺术美、生活美以及人体美。人体美是审美对象中最深刻、最动人的一种美。美学家认为人体美是世界万物中最协调、最均衡的一种美。人体

美是一种自然美与社会美高度综合的美，可谓集自然美与社会美之大成。

人体美包括健康美、自然美、体型美、动作美和姿态美等五种。

（1）人体的健康美

健康是人体最本质的特征。可以说，健康就是一种美。人类要生存繁衍，需要从事两类生产，即物质的生产和人自身的生产。这两类生产都要求人类具有健康的身体、强壮的体魄和旺盛的生命力，因而形成了对人体自身提出的要求，终于形成了人类以健康为标准的一种审美观。

健康是人体的常态，疾病则是非常态。在自然界中，一般生物的常态都是健康而富于生机的，只有常态的事物才是美的。人体只有健康，才会有生命力，才使人感觉美。健康是内在的本质的美，是外形美的基础。然而，纯粹生理意义的健康还不等于美，对于人体的美，还应在美学的水准上做更深的评价。

（2）人体的自然美

人的形体就其形成方式而言，可分为自然美和修饰美。对美的追求应以自然美为主、修饰美为辅。

人体的自然美是最具普遍意义的美，应该重视人体自然的美。所谓重视人体自然的美，就是按照不同年龄、不同性别、不同职业特征所特具的不同生理和心理特点，让人体的美不加附带条件地显露出来。这种美带有质朴的、纯真的特点，因而也是最感人的。

修饰美是自然美的一种必不可少的补充。比如，通过服饰、化妆、美容、饰缀、整形等多种途径，可以起到丰富色泽、滋润光亮、遮掩生理缺陷、改变年龄对外观的影响等作用。但是，服装的设计不应妨碍肢体的运动和健康的要求，缀饰、化妆、整容应以身体的卫

生健康为前提，过分地强调修饰美，容易造成矫揉造作而影响人体的自然美。

（3）人体的体型美

体型指的是人的整体形态结构方面的指数以及各部分的比例和位置关系。体型美是一种自然美和艺术美的结晶。

人的体型大致可分三种类型，即肥胖型、瘦长型和运动员型。运动员的典型体型是，中等以上的身材，肌肉骨骼隆起，颈长而粗，肩宽，胸部发育良好，下腹扁平，腰部较细，四肢粗大，肤色良好，全身发育匀称。由于运动员体型与人们心目中的理想体型相一致，因而成为人们争相效仿的目标。

人的体型美一般应该满足如下要求：

均衡：所谓均衡是指身体各部分要达到恰当的比例关系，而这种比例关系应符合其同族同类同年龄人的基本特征。

对称：左右对称——从正面看和后面看达到左右两侧的平衡发展。要做到对称轴的竖直，几条水平线（肩线、髋线、眉线）保持水平位置。

对比：首先要达到性别对比效果，同时要注意躯干与肢体部位、上肢与下肢、关节与肌肉围径的对比，再次要注意身体各部位色彩的对比，如毛发与皮肤、眼白与瞳孔的对比等。

曲线：取得曲线美的感觉效果，做到轮廓流畅、鲜明，线条起伏恰到好处，具有性别特征。女子的曲线纤细连贯，平滑流畅，显示柔润之美。男子粗犷刚劲，肌肉垒块分明，显示出力量之美。

（4）人体的动作美

动作美是指完成某个生活、劳动和体育动作时所表现的一种美。英国哲学家培根说：“相貌的美是色泽的美，而秀雅合适的动作的美，

又高于相貌的美。”

人们完成动作时谐调、准确、舒展大方、轻捷矫健，给人以美的感觉。美的动作是自然而大方，绝不是装腔作势；是敏捷而庄重，而不是呆板或轻浮。运动员在比赛中所表现出的精美动作，不会因民族、国家、地域的不同而评价各异。人的姿态动作的美，除与人的自然生理条件有关外，精神因素亦起着重要的作用。

（5）人体的风度美

人的形体在空间运动时会构成多种姿态，这些姿态的综合表现就是风度。风度美具有更强的内在的精神因素，它反映出一个人的文化修养和受教育的程度，也是一个人内心世界的外露。

2. 身体锻炼增进人体美的基本原理

（1）人体形态的可塑性

人的体型可以通过改善营养构成和进行形体、力量、耐力的锻炼而发生变化。这是因为人的运动器官具有不同程度的可塑性。经过长时间的机械锻炼，运动器官可以发生一定程度的形变，特别是肌肉，哪怕到了老年仍可发生组织内部以至外部形状的变化，从而影响到人的体型。

（2）人体色泽的可变性

人体皮肤、毛发、指甲、瞳孔的色泽等均有一定的可变性，这是生物进化过程遗留下来的一种保护性反映。改善食物营养，参加体育活动，经常接受阳光照射，使用营养性护肤用品，都可以改变其光泽和色彩，得到健康的肤色和光润的毛发等。

（3）人体姿态动作行为的可教育性

人体的姿态、动作、行为大多是后天习得的。正确的姿态、动作可以通过劳动、生活行为、体育运动、舞蹈娱乐等学得，而不正

确的姿态、动作，也是在日常的学习、生活、劳动中有意无意养成的。有意识地采用正确的行为方式，进行有针对性的形体锻炼，有助于纠正青少年中不恰当和不美观的姿势、动作和行为，并不断自律，从而形成良好的人体美。

体育锻炼对人体发展的影响

体育锻炼对人体健康有着积极的促进作用，深入研究体育对人体的积极作用，有助于加深对体育锻炼重要意义的认识，提高健身锻炼活动的积极性。

❖ 健身锻炼对人体各器官系统的影响

体育运动对人体各大系统均有着全面而积极的影响。

1. 健身锻炼对运动系统的影响

经常参加体育健身运动可以加强人体的新陈代谢，改善血液供给，使人的骨密质增厚，骨头变精，抗折、抗压缩、抗扭曲等机械性能都大大提高；增强关节的稳固性；提高关节的缓冲能力；提高关节的灵活性；可使肌肉产生良好的适应性变化，主要表现为肌肉体积增大，其次，表现为肌肉力量增强，能量供应更加充足。

运动系统主要起支架作用、保护作用和运动作用。人体的运动系统是否强壮、坚实、完善，对人的体质强弱有重大影响。例如，骨架和肌肉对人体起着支撑和保护作用。它不仅为内脏器官，如心、肺、肝、肾以及脑、脊髓等的健全、生长发育提供了可能，而且能保护这些器官使之不易受到外界的损伤。骨、软骨、关节、骨骼肌是人体运动器官，骨的质量，关节连接的牢固性、灵活性，肌肉收缩力量的大小和持续时间的长短等，在很大程度上决定了人体的运

动能力。合理的体育锻炼能促进骨的血液循环，增加对骨的血液供应，使正处旺盛造骨时期的骨组织能获得更多造骨原料，加速造骨过程，加快骨的生长，增强骨的抗折、抗弯、抗压、抗扭曲等能力，使骨更坚固。还能预防关节的变形，保持骨的弹性，延缓骨的老年性退行性变化。除此之外，体育锻炼还有助于增强韧带的弹性，增加关节的稳固性，提高关节的灵活性。通过体育锻炼，可以使肌肉体积增大，肌肉中脂肪含量减少，肌肉内结缔组织增多，肌肉内化学成分发生变化，肌肉毛细血管增多。

2. 健身锻炼对心血管系统的影响

（1）对心脏组织结构和功能的改善。研究证明，健身锻炼可使心壁增厚，心脏体积增大，（为心脏组织提供营养的）冠状动脉增粗1～2倍。随着心脏结构、形态的良性变化，其心脏收缩功能也大幅度提高，心脏的体积和容量加大，在较小的心跳次数下就能满足身体的需要。锻炼者的心跳徐缓，可使心肌得到很好的休息，减少心肌疲劳，提高心力贮备，使心脏工作“节省化”。

（2）对血管的影响。经常从事体育健身运动能够增厚血管壁，增加其弹性，增大管径。改善神经血管的调节机能，增加肌肉中毛细血管的数量，增强小动脉血管的张力和弹性。血管形态结构的改善能够维护血压的正常，促进血液循环畅通。健身活动让身体更好地将血液输送到肌肉中，进一步减少心脏负荷，同时使氧的代谢和营养物质的代谢更加迅速。

（3）对血液成分的影响。健身锻炼能使人体血液中的红细胞（红血球）、白细胞和血红蛋白含量增多，提高血容量，从而提高人体的载氧能力和代谢能力以及缓冲酸性物质和抗缺氧能力，改善循环系统的功能。另外，经常参加健身锻炼的人，血液中高密度脂蛋白的浓度会增加，胆固醇和血浆纤维蛋白水平会降低。

3. 健身锻炼对呼吸系统的影响

健身锻炼对呼吸系统的直接作用，就在于增强呼吸肌的收缩能力。经过长期的锻炼，呼吸肌逐渐发达起来，变得强壮有力，呼吸功能便大大提高。经常进行运动锻炼的人呼吸器官的构造和机能会发生良好的变化。经常参加体育锻炼，能够促进呼吸机能增强，呼吸肌会得到锻炼，呼吸肌的力量也会相应得到增强，胸廓运动的幅度也随之增大，表现为胸围和呼吸差的增大，胸围和呼吸差能反映

胸廓发育的状况和呼吸器官的功能。健身锻炼不仅可以提高肺的通气能力，更重要的是可以提高机体利用氧的能力，在经过体育锻炼后会使身体摄入氧的能力大大提升。体育锻炼由于加强了呼吸力量，可使呼吸深度增加，有效地增加肺的通气效率，在体育锻炼时如果过快增加呼吸频率，会使气体往返于呼吸道，进入肺内的气体反而减少。研究表明，一般人在运动时肺通气量能增加到 60 升 / 分左右，有体育锻炼习惯的人可达到 100 升 / 分。

另外，进行体育锻炼要消耗能量。体力活动愈剧烈，氧的消耗愈多，于是呼吸活动就会通过各种调节方式明显得到加强。运动对呼吸机能的作用是复杂的，除能最大限度地改善人体的吸氧能力，降低呼吸中枢对乳酸和二氧化碳的兴奋性和增强人体对缺氧的耐受力外，据称还能促使呼吸机能出现“节省化”。

4. 健身锻炼对神经系统的影响

经常参加体育锻炼有利于神经系统功能的提高。体育锻炼能改善神经系统的调节功能，提高神经系统对人体活动时错综复杂的变化的判断能力，并及时做出协调、准确、迅速的反应。此外，运动对神经系统的良好影响，主要在于它是一种积极的休息。当经过较长时间的脑力劳动，感到疲劳时，参加短时间体育运动，可以转移大脑皮层的兴奋中心，使原来高度兴奋的神经细胞得到良好的休息，同时又补充了氧气和营养物质。而脑组织所需氧气和营养物质的供给又完全依赖于血液循环、呼吸和消化系统，体育锻炼在很大程度上改善了这些系统的功能，提高了它们的工作效率，从而促进了脑部血液循环，改善了脑组织的氧气和营养物质供应，使脑组织的工作效率有了显著提高。神经系统在机体其他系统的配合下，构成了神经——体液调节系统，它是人体全自动控制系统的中枢，主要负责维持人体的稳定状态。经常参加体育运动，可以使这一系统得到锻炼和加强，使中枢神经系统对兴奋和抑制的调节能力更趋完善，从而进一步活跃全身各个系统和器官的功能，使它们的活动更加协调，工作效率提高，对外界刺激的反应迅速、灵敏，以适应外界环境的变化并增强抵抗各种疾病因素的能力。

❖ 健身锻炼可以发展身体运动能力

身体运动能力作为人的有机体在运动活动中所表现出来的机体能力，是人的生命活力的重要标志；尽管人的运动也带有与机械运动相类似的性质，然而，人作为一个具有共轭作用的有机体，其运动都是在大脑和中枢神经系统的支配下，由运动系统为执行器官，并在身体其他器官协助下完成的。人在生长发育过程中，随着肌肉、骨骼的日趋变粗、长长，关节也变得灵活而稳固，身体运动能力也呈增长趋向。但不能过高估价人的自然生长对身体运动能力的促进作用。事实上，人体从出生到长大成人，如果不参加任何一种形式的体力活动（如体力劳动和体育锻炼），则他们的身体活动能力是相当低下的。劳动在人的运动能力发展中起着一定的作用。

体育健身锻炼是提高身体运动能力的重要手段。通过系统的体育锻炼，可以较大幅度地提高人的走、跑、跳、投等基本运动能力，可以有效地发展力量、速度、耐力、柔韧、灵巧等身体素质，还可以发展并表现出专门性质的运动能力，如短跑能力、跳高能力、投掷器械能力等。与此同时，在发展运动能力的过程中，也有利于人体形态和机能发生趋优的变化。人们在运动时通过多种手段发展速度、力量、柔韧、耐力等素质时，在中枢神经系统的影响下，各器官系统的机能水平也相应得到提高。人们欣赏优秀运动员的比赛和

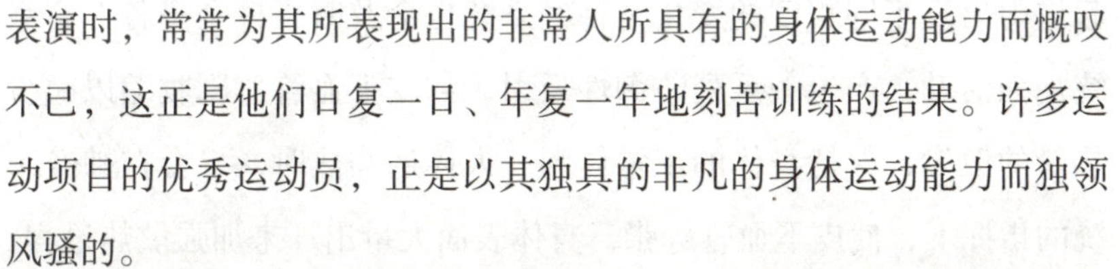

表演时，常常为其所表现出的非常人所具有的身体运动能力而慨叹不已，这正是他们日复一日、年复一年地刻苦训练的结果。许多运动项目的优秀运动员，正是以其独具的非凡的身体运动能力而独领风骚的。

人们从事的许多职业性活动，就其发展趋势来说，已由原来的体力投入型为主转到脑力投入型为主，然而，它仍要求其具有良好的身体素质，才能完成各种复杂的生产劳动动作和精密的技术动作。宇航员飞上太空之前，要进行极其严格的身体和运动能力训练。因此，为了提高人们的职业活动能力和各种生活能力，有必要开发和运用健身锻炼这一手段。

❖ 健身锻炼可以提高人体适应能力

人体适应能力包括人对外界自然环境的适应力，对疾病的抵抗力以及疾病损伤后的修复力。人体适应能力是人的体质强弱的一个重要方面，也是人们维持正常生命活动的一种重要能力。

人类是大自然的产物，又是与大自然相依赖相适应的存在物。人类具有征服大自然的能力，人类本身就是在不断地与大自然的抗争中逐步进化成现代人的。现代人既要用科学的头脑去认识自然界的奥秘以改造自然，又要以强壮的身体、不屈的意志去适应自然界的变化以保持自身的生存繁衍。这就要求人们进行各种适应性锻炼，而健身锻炼则是其中的一剂良方。

长期在各种气候和环境条件（如严寒、酷暑、风雨、霜雪或空气稀薄等）下锻炼，能有效地改善机体体温调节和其他相关机能，提高对外界环境的适应能力。比如，人体在受到寒冷刺激时，会引起体内出现不同程度的变化，神经系统也会及时指挥全身各器官系统加强活动，产生一系列防御性反射，如皮下血管急剧收缩以减少热量的散发，保持身体的正常体温。人体遇酷热时，也会在神经系统的指挥下，使皮下血管舒张，身体表面大量出汗来加强散热过程。在严寒与酷热到来时，有的人感冒或中暑，有的人则安然无恙，这就反映出不同的人在适应能力上和整个体质水平上的差异。

与此同时，人体在各种生命活动过程中，体内平衡及其与外环境的平衡也时常会遭到破坏，机体本身也必须及时进行调整，以保证正常的生命活动。当人体调节机能不足以维持这种平衡时，就会产生各种病变。人体的各种免疫机制和各器官的调节机制，对机体的各种病变有着一定的抵御和“缓冲”作用，从而形成人体特有的对疾病的抵抗能力，以及病损后的修复能力。上述各种能力的获得，直接与体质的强弱相关。通过在各种环境下的健身锻炼，全面提高人的体质水平，则有利于提高这类能力。

❖ 健身锻炼能够提高人的智力

现代生产已经更多地由体力劳动转向脑力劳动，从而使智力因素在生产力诸因素中起着愈来愈重要的作用。人类的许多非智力因素，如气质、性格、意志、情感等，也与智力密切关联或者发端于智力因素。老年人长寿锻炼中也有一条十分重要的经验，就是在生命的任何年龄段均不能放弃必要的知识学习和可能的智力锻炼。

健身锻炼对智力的发展有着重要的作用。我们知道，人的智力首先是大脑和中枢神经系统的机能。良好的体质，特别是健全的神经系统，是智力发展的物质基础。现代科学已经证实，一个人智商的高低,与大脑的物质结构和机能密切相关。经常参加体育健身锻炼，能保证大脑的能源物质与氧气的充足供应，使大脑神经细胞发育健全，大脑神经细胞的分支和突起增多，有利于接受更多的信息。通过体育活动，可以培养敏锐的感知能力、灵活的思维能力、良好的注意力和记忆力。上述健身锻炼后大脑和神经系统在形态结构和机能上的适应性变化，能够有效地提高人的智力，促进人的具体和抽象思维能力的良好发展。特别是根据大脑皮层机能定位有关原理进行的健身锻炼活动，更是对人的智力开发、适应职业活动需要，有着积极的意义。反过来说，人类对智力优化的企求，也会萌生出许多发展智力的健身锻炼手段。

同时，健身锻炼所造成的“一时性适应”，也有利于提高大脑活动效率。人在参加健身锻炼时，脑部血液和氧气供应充足，体内各种酶的活性增强，血糖水平增高，有利于加速疲劳的消除，使人头脑清醒，思维敏捷，精神焕发。实验证明，人的记忆力与血糖水平有关，当血糖升至120毫克/100毫升时，记忆力处于最佳状态。而一旦脑部贫血或缺氧时，则会出现头昏、眼花等现象，大脑活动效率也会急剧下降，活动失误明显增多。

❖ 健身锻炼能改善人的精神和社会生活质量，使人心情舒畅

首先，系统的健身锻炼能带来良好的自觉效果。据美国学者研究，跑步锻炼能促进人体释放一种称为“内啡呔”的脑化学物质，它不仅能改善人体中枢神经系统的调节能力，还能提高机体对有害刺激的忍受力，使人产生身心强壮的感觉。也有报道说，运动可给机体神经系统带来一种微电冲击，这种冲击能缓解亢进的肌张力和精神紧张，并使大脑皮层得到休息。因此，人们在运动后会感到身心舒畅或奇妙的纯洁感。许多经常参加体育锻炼的人，其锻炼后的最大感受是“心情舒畅”“身体轻松”“有点累，但舒服极了”，可能是这种内啡呔或微电冲击影响的结果。这种自觉效果的存在，不仅能稳定运动者的情绪，还能提高运动兴趣，坚定信念，为坚持持久性运动打下基础。

加拿大著名学者 H.Selye 教授认为，各种疾病都共有一些非特异性症状，即疲倦感、食欲不振、头痛、发热等，这些“非特异性症状”，是人体对外界的各种有害因素（应激源）的一种防御性反应（应激）。当刺激过强，作用时间过久时，机体就会失去适应能力，从而潜伏和染上某种疾病。这种非特异性症状就是一种提示信号。而运动可以带来“非特异性效果”，其意义在于参加运动者程度不同地缓解了体内的某种应激症状，“运动纠正了人体各种脱离健康轨道的现象”。同时，体育锻炼能改善人的精神和社会生活质量。

现代社会中频繁的人际交往和激烈的社会竞争，给人类造成了巨大的精神和社会压力。在漫长的人生道路上，人们总会遇到许多不尽如人意的事情和感情波动的场面。激烈竞争的商品经济使人们精神紧张，时常处于满负荷状态。这就会使许多人程度不同地出现“亚健康”状态。适当参加体育锻炼，可以调节人的神经过程和个性心理品质，转移人的注意力，改善人的精神和社会生活状况。

美国学者库珀的一项研究证实，从事有氧代谢运动可奇迹般地缓解和消除精神紧张、忧郁症等症状，结果使自信心增强。有氧代谢性运动对情绪的良好影响主要表现在两方面：一是排遣来自精神方面的不良因素，锻炼意志，增强毅力，从而提高机体的抵抗能力。二是“内啡呔效应”，它缓解了精神疾患的某些症状。许多坚持锻炼者能经常保持饱满的精神状态和生活信心，可能与内啡呔效应有关。这种效应还能影响人的性格，使人们对精神紧张和来自各方面有害刺激的忍受力加强。

事实上，用现代体育观看问题，有效组织的健身锻炼对人的整个自然属性和社会属性均有着积极的影响。它是全面增强人的体质、提高学习和工作效率的有力手段，是提高人的健康水平、预防和抗击各种疾病的灵丹妙药，是延年益寿的有力武器。“生命在于运动”这句格言，简明形象地说明了体育健身与人体发展的辩证关系，生动反映了生命活动的本质属性。现代社会的每一个人，都应该把体育健身作为个人生活方式的一个组成部分，作为个人应当享受的权利和必须向社会承担的义务，自觉地投身到科学的体育健身锻炼中去。

第二章

社会的发展与体育健身

体育是人类特有的文化现象，以增强体质、养护健康、延年益寿的独特功效为人们重视。体育健身是现代社会发展和人类健康生存的基础，是民族文明、富强的标志，为社会的稳定、进步和发展增添活力。经济发展是全民健身的基础，可直接或间接地促进经济发展。

社会需求本质上是人的需求。健康是人生最宝贵的，多少年来，健康、长寿一直是人类的美好愿望。人生在世，尽管你拥有一切，若无健康，一切都等于零，所以当今关心身体健康比关心其他的人越来越多。在高度发展的现代社会，人们更加注重身体的健康、内心世界的充实与安宁，追求与周围环境的协调平衡，以迎接现代生活的各种挑战。

体育健身在现代社会中的发展

现代科学技术的发展给社会发展创造了物质基础，到 20 世纪末，随着计算机、自动控制、信息技术在各个领域的广泛运用，人类已经进入信息社会，极大地加快了生产、生活的现代化步伐，提高了社会生产力。但与此同时，给人们也带来了一些负面效应，这些效应主要体现在人的生理和心理两个方面。例如，过多的选择使人感到紧张和疲劳；生活变化速度过快使人感到焦虑不安；工作、生活节奏过紧使人无暇顾及身体锻炼，造成运动不足，引发肌力衰退；营养结构的偏颇，造成肥胖病和营养不良；等等。

随着世界多数国家逐步进入信息化的行列，社会经济得到了高速发展，人们的业余时间日益增多，业余生活丰富多样。这一切带来了现代人生活质量的显著提高，体育价值观日益更新。在高水平竞技运动受到人们普遍青睐的同时，以全民参加的健身、休闲、娱

乐为主要内容的体育健身运动正在全世界范围内兴起，被誉为“第二奥林匹克运动”。在这场运动中，首当其冲的，是世界上一些工业发达国家。

强劲的经济实力，使美国这个移民国家十分重视体育的发展。它们除了竞技水平长期雄踞世界体坛巅峰之外，对大众健身活动也十分重视。早在 20 世纪 50 年代，一项体力测试结果表明，美国青少年的体质健康水平低于欧洲，引起当时的美国总统艾森豪威尔的重视，于 1956 年成立了“青少年健康总统委员会”，出台了一系列促进国民体育健身运动的措施。今天的美国，体质与健康已经成为国民可望得到回报的投资。第二次世界大战以后，日本致力于发展经济和国民教育，它们总结战败的原因之一是“国民素质不优”，因此，十分重视体育健身活动的开展，有效地增强国民体质。日本已经积累了近百年的国民体质测定材料。到了 20 世纪 60 年代，日本政府专门颁布了《体育振兴法》。今天，日本青少年的身体形态、机能和身体素质均有了明显的提高，国民的平均寿命也跃居世界前列。

俄罗斯民族是一个崇尚勇武、豪爽的民族，有着高度发达的教育体系。独立前的苏联实行的是高度统一的中央集权制，所有领域的方针、政策都由上而下地贯彻实施。在一段时间内，苏联曾一度片面强调竞技体育的发展，而对群众体育缺乏应有的重视，造成了竞技场上的金牌大户而人民群众体质健康不佳的局面，笔者曾将此种现象称之为“扬竞（竞技体育）抑社（社会体育）”。20 世纪 80 年代后期，他们着力克服这一弊端。俄罗斯一贯实施的《劳卫制》，在推动群众健身和提高国民体质方面起了重要的作用。1990 年，他们专门制定了《居民体育教育大纲》。

德国是一个严谨、自尊、进取的民族，崇尚勤劳与坚强，良好

的经济状况和国民的健康意识，为体育健身运动创造了良好的条件。为了推动全民健身运动的开展，它们以兴建体育场地设施为突破口。从 20 世纪 60 年代开始，连续推出了三个“黄金计划”（每 10 年投资 100 亿马克兴建体育设施）。总体来说，德国的全民健身运动经历了四个阶段：锻炼身体阶段（1970—1977）；一道游戏阶段（1978—1982）；有氧锻炼阶段（1983—1989）；走进大自然阶段（1990 年以后）。

综观现代社会的体育健身活动，有如下几个特点：

1. 参加体育健身活动的人数十分广泛。
2. 各国政府积极倡导和参与领导。
3. 体育健身活动形式丰富多彩。
4. 体育健身活动设施的建设受到全社会的重视。
5. 体育健身科学化的步伐进一步加快。
6. 大众健身活动与社会经济发展的联系日趋紧密。

中国体育健身的发展

改革开放以来，随着我国的综合国力不断增强，广大人民群众的生活质量不断提高，人们对提高身体健康和体质水平的要求日渐增强。群众性体育活动的滞后现象严重地制约着我国的经济和社会发展。为了适应广大人民群众对健康生活和健身运动的强烈愿望和要求，国务院于 1995 年颁布实施了《全民健身计划纲要》，一个由国家倡导、政府推动、全民参加的大众性体育健身热潮在我国城乡蓬勃兴起。全民健身计划实施以来，我国社会体育蓬勃发展，群众性体育健身活动蔚然成风。从大江南北到长城内外，到处都是体育锻炼的人群，晨练、晚练和节假日锻炼，正在成为广大体育锻炼者

的习惯。全民健身体育正在走向普通居民的生活中。

❖ 我国体育健身运动的现状

1. 健康观念和健身意识深入人心，时尚体育健身成为主流

健康观念和健身意识随着群众体育的工作开展，形成了比较普及的“大众健身”的体育健身舆论导向，增强了全民的健康观念和健身意识。广大民众已经逐步认识到，身体素质是思想道德素质和科学文化素质的物质基础，全民健身运动，是社会主义精神文明和物质文明建设的重要内容。在广大城乡，“生命在于运动”“花钱买健康”“金山银山不如泰山（身体健康）”，正在成为我国民众的基本生活理念。

随着我国民众生活水平的逐年提高，人们已经能够拿出部分资金用于享受和发展消费，提高自己的生活质量。与此相适应，广大民众用于购买健身用品、参加健身培训、参与健身活动的投入也逐年增多，体育健身消费受到以中青年为主体的广大民众的青睐，体

育健身产业及其相关产业有了飞速的发展。当然，我国体育健身产业的开拓空间和发展潜力仍然十分巨大。

2. 参加体育健身运动的人口逐步增加，体育经费逐年增加

体育健身运动以广大民众为参与主体，民众对体育健身运动的参与程度反映出这项运动向社会渗透的深度与广度，这就是体育人口发展状况。体育人口是指经常参加体育健身运动，具有统计意义的人口占总人口的百分比。体育人口数量是反映人们参加体育健身运动的深度和广度的最为直接的指标，近年来，这项指标有了较明显的增长。相关调查数据表明，我国近年来体育人口的增长幅度，与国外体育发达国家的类似指标相比，仍有较大的差距，但处于发展中国家的前列。

在落实《全民健身计划纲要》的过程中，国家体育主管部门和社会各界加大了对体育场地设施的投入。目前，一大批学校的体育场地正在以免费或低偿的方式向公众开放，较好地缓解了体育活动场地不足的矛盾。大批乡镇和农民也开始投资建设体育场所，为农民体育健身服务。社会体育经费大幅度增加。调查结果显示，近年来无论是群体部门的财政经费，还是社会用于体育健身的资金、体育彩票公益金均逐年增长，大大增强了体育健身运动的财力。

3. 体育健身的组织机构、指导队伍不断扩大

体育健身运动需要有一定的组织保证。一方面，社会上出现越来越多重视体育健身的组织机构和社会团体；另一方面，越来越多的高校加强对于社会体育专业的研究和发展，社会体育专业的前景广泛。可以说，我国已经形成了以各级各类体育社会团体为线，以体育指导站、活动站为点，覆盖面广、包容量大、适应性强的社会化的群众体育组织网络，参与体育健身指导的指导员队伍日益壮大，

向着更加专业性、更加专门化、更加科学有效性的方向发展。

4. 体育健身活动形式丰富多样，群众体育法制化日益完善

组织活动是推动体育健身运动发展的催化剂。据对 26 个省区市调查，我国城市最普及的体育项目为健身健美操（舞）、跑步、太极拳（剑）、门球、广播体操、乒乓球、篮球、游泳、棋牌、武术。而

农村最为普及的体育项目是篮球、棋牌、武术、健身操（舞）、跑步、秧歌、乒乓球、门球、拔河、太极拳（剑）。

目前，我国各省（区、市）都成立了由省级领导人担任主要负责人，由若干成员单位组成的省级全民健身工作领导协调机构，地级建立这种类型机构的占98%以上，县级占95%以上。大批街道、乡镇也建立了类似的机构。我国已经逐步建立起纵贯全省、地、县、乡，横跨行业系统、群众组织、社会团体，政府领导、体育行政部门组织、各方齐抓共建的新型社会体育组织领导机制；形成了法律保障、行政推进，用搞建设的思路走社会化的道路、建设系统工程的方式来发展群众体育健身的新模式。

1995年《中华人民共和国体育法》的颁布实施，标志着我国体育工作进入了依法行政、依法治体的阶段。国务院和国家体育总局出台的社会体育法规、规章和法规性文件也较为齐全。省级政府颁布的地方群众体育规章制度的数量增多，省级体育行政部门的立法也有较大幅度的增加。

❖ 我国体育健身运动的未来发展

我国社会体育将保持一个持续、快速、健康的发展态势。人民参与体育活动的物质条件将会越来越好，社会体育和体育健身运动在人们生活中的位置将会变得更加突出，人们参与体育的程度将会更加普及。其发展趋势具体表现在如下几方面：

1. 体育健身运动生活化

随着人民生活水平和对健康的关注程度日益提高，体育健身运动将走进更多的家庭和人们的生活中，成为人们生活方式的一部分和生活的基本内容之一。人们将逐步增加体育健身支出，提高体育消费水平。随着社区建设和社区服务的加强与完善，人们体育锻炼的环境与条件将不断完善。休闲娱乐类的体育活动将有更大的发展，社会体育活动将更加贴近生活，贴近民众。

2. 体育健身运动社会化

我国的体育健身运动将成为更加广泛开展的一种社会事业，走出一条社会化之路。随着政府体育行政部门管理职能的转变，体育社会团体、事业单位和其他中介组织将会在兴办体育健身事业中发挥更大的作用。我国已经建立起的社会化的体育组织网络，将在政府领导下有序、有效地开展社会体育工作。我国的体育健身将形成以个人参与为主体，国家与社会共同兴办的格局。

3. 体育健身运动科学化

我国当前的体育健身管理和健身活动科学化程度也在不断地提高。随着科教兴国战略的进一步实施，科学技术将渗透到体育健身的更多环节。科学技术和人才在体育健身运动发展中的地位越来越突出；科技含量高、适应性强的体育健身方法、体育健身器材等将不断涌现；体育健身的信息化水平将有较大幅度提高。运动要讲科学将成为更多人的共识。社会将出现更多的开具运动处方的保健机构，为人们的科学健身提供服务。

4. 体育健身运动产业化

随着人民生活水平的不断提高，社会为了满足人民的多种体育需求而兴办的体育健身产业将获得较大发展。随着人民消费水平的提高和消费观念的转变，家庭体育消费将大幅度地增长，社会体育健身消费中蕴藏着的巨大潜力将逐步获得释放。向体质与健康投资，搞体能储备将成为一种社会风尚。由此带来的体育健身、体育娱乐、体育康复、体育表演等巨大的体育消费市场，将大大推动体育产业的发展，并且带动相关产业的发展。

5. 体育健身运动法制化

我国的社会体育和体育健身工作将在更大范围内实现依法治体的目标。随着具有中国特色的、适应社会主义市场经济体制的法律体系的建立和完善，已初步建立的社会体育法规体系也将逐步完善，社会体育行政执法监督工作不断加强，体育健身工作管理方式将由主要依靠行政手段转向主要依靠法律手段。关系到体育健身发展的诸如公共体育场地的设施建设、资金投入等突出问题，将通过立法得到解决，从而切实保障人民群众的体育权益。同时，公民和组织的体育法治意识不断增强，将会普遍掌握运用法律武器保护自身的体育权益。

促进现代体育健身运动发展的动因

要了解体育健身运动在现代社会的发展，首先必须了解其赖以生存的条件。

1. 社会物质条件能够满足人们的基本生活需要。

2. 人们拥有一定的可供自由支配的时间。

3. 国家和政府对社会体育事业的倡导。

4. 人们的体育价值观念和健身意识不断增强。

5. 具有一定的社会体育指导力量。

6. 有着一定的社会体育活动条件（如场地、器材等）。

如果社会能够满足上述条件，体育健身运动就会得到广泛的认同和积极的发展。如果这些条件只是部分满足时，体育健身运动的发展就会受到阻碍，其普及的程度和发展的速度就十分有限而缓慢。如果社会不具备上述条件或以完全相反的方式出现时，体育健身运

动则根本不可能得到发展。

在人类几千年的文明史中，人们尽管以不同形式和语言表述过“生命在于运动”的道理，然而，从本质上说，人们对于体育功能和作用的认识还是极其肤浅的。在对生命、健康、寿命等方面及其与体育的关系上，往往是科学与迷信共存，真理与谬误难分，故难以形成稳定的体育价值观念和健身意识。

群众体育运动是广大群众自觉参加的规模宏大的社会行为，国家和政府的倡导是推动其发展的重要因素。当代中国社会为体育健身运动的发展提供了丰富的物质基础和经济基础，同时人们还有了越来越多的可供支配的余暇时间，也获得了较好的社会体育物质条件。人们所处的现代社会，可以说，为体育健身运动的生存发展准备了极为优越的条件。

现代社会是信息化时代，是科技大爆炸的时代，是科学技术革命迅猛发展、知识信息日新月异的社会，是社会生产力和人们的物质生活水平得到迅速提高的社会,也是人的价值和能力(体力和智力)得到充分挖掘和运用的社会。简言之，是以信息和工业发展为标志，经济、政治、科学技术、文化生活高度繁荣的社会。

❖ 现代社会丰富的物质财富，为人们参加体育运动提供了可能性

人们在满足基本生活需要之后，已经有能力拿出部分资金来满足文娱体育等多方面的需求。在当今世界，以服务业为主要内容的第三产业正以极快的速度向前发展，在国民收入中的比例也越来越大。在我国，30 多年的经济体制改革也取得了积极的成果，广大城乡人民的物质生活有了极大的改善，我国已经进入全面建设小康社会的新的发展阶段。与此相适应，我国的文化娱乐体育事业也在蓬

勃兴起。我国的体育健身运动正是在这种社会大环境的推动下扬帆远航的。

❖ 现代科学的飞速发展，使人们的思想认识产生质的飞跃，为体育健身运动激活了内驱力

多年来人们对体育功能的认识往往只停留在“体育可以增强体质”的认识上，对体育的多方面功能还缺乏认识，这就是狭隘的生物体育观。然而，在现代社会里，人们的体育观已经发生了深刻的变化，即由原来的生物体育观逐步转变成生物心埋社会体育观。用这种体育观看体育运动，就会发现，现代体育是一种社会性的精神生产和文化消费高度统一的动态过程。各种体育现象几乎无一例外，都是由生物、心理、社会三大方面众多因素交织起综合作用的结果。现代人的体育投入，不只是为获得健体强身之效，也是一种文化参与和消费，是人的社会化过程中不可缺少的一项内容。因此，在现代社会里，各种形式的群众体育活动，或是通俗质朴，或是高雅豪华，都是为了满足人们的生物、心理和社会需求。这一认识的深化，有力地推动着体育健身运动的发展。当然，新体育观的确立，并不排斥“体育增强体质”这一根本目标。

现代社会里，人们的存在意识也在不断被强化，体育健身运动成为人们自我完善的有力手段。随着人类社会的不断发展，人的价值和自我完善意识不断增强，各种指向个人完善的手段和方法，均受到人们的青睐。在这种情况下，体育也备受人们的重视，成为增强生命活力、改善体型和身体姿态、培养高雅风度的有力手段。某些高雅的体育活动项目，如高尔夫球、保龄球、赛马等，不仅是国外社会体育中长盛不衰的项目，也成为我国先富起来的一部分人乐此不疲的活动。在我国，网球、门球、体育舞蹈等项目，也成为人

们发展社会交往、提高自身素质的有效手段。

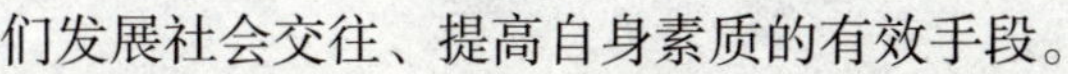

❖ 国家和政府采取有力措施，积极推动体育健身运动的发展

现代社会的一个突出特点，是国家的总体目标与体育健身运动的目标一致。这样，社会体育健身运动就被纳入整个国家的经济和社会发展计划，采取有力措施加以倡导。对世界各国群众体育的比

star

较研究可以看出，尽管各国发展群众体育运动的目标和任务不尽相同，尽管社会体育受到社会政治经济强有力的制约，但是，世界各国采取相应的措施，制订强有力的体育健身计划，促进群众体育事业的发展却是共同的。

在我国，党和政府始终把发展社会体育作为一项事关民族存亡的大事来抓，制定了许多有效的制度和法规，使我国的社会体育有了长足的进步，人民的健康水平大为改善，人均寿命也由新中国成立前的35岁提高到目前的70多岁。进入20世纪90年代以后，原国家体委制定了群众体育与竞技体育协调发展的战略，加大了体育健身运动的推进力度。第8届人大常委会第15次会议于1995年正式通过了《中华人民共和国体育法》，国务院于同年颁发了《全民健身计划纲要》，社会体育指导员的培训工作也已纳入了议事日程。所有这些重大举措都有力地促进着我国群众体育运动的发展。

❖ 现代社会为体育健身运动的开展提供了良好的物质条件

随着现代社会物质产品的丰富，不仅满足了人们起码的生存需要，同时也为体育健身运动的普及和发展提供了必要的物质条件。近年来，由于各国政府十分重视体育，各国体育经费的平均数均有了提高。同时，体育场地设施的建设也引起了各国政府的重视。中国体育经费在逐年加大投入的基础上，近年来又拓宽了体育资金渠道，形成了社会化、多元化的体育投入产出新格局。随着我国体育改革的逐步深入，体育场馆还将进一步向社会开放。当然，我国体育健身活动的场地和经费投入还是严重不足的。

另一方面，现代社会里人们的余暇时间明显增多，也为体育健身运动提供了时间保障。

❖ 现代社会给人类的健康带来许多负面影响，体育健身运动有利于提高人的生活质量

伴随着社会生产力的不断发展，不断地对生产工具的更新提出新的要求，人类生产工具的演化，是由石器时代，经铜器时代、铁器时代、蒸汽机时代、电器时代的划时代更替，逐渐步入今天的电子计算机和智能化时代。

在体力劳动的时代，社会主要靠加大体力劳动强度来提高生产效率，即体力投入型。这种劳动造成的疲劳是全身性的，疲劳的部位主要集中于躯干和四肢，睡眠为主要的休息方式。在机械化时代，劳动密度逐渐加大，严格的社会分工使人造成肢体局部疲劳，疲劳的部位开始由过去的肢体转向大脑，容易出现睡眠障碍。这种疲劳积累，就会影响身体健康。在信息化时代，劳动引起人的疲劳则进一步集中于高级神经系统，从而对劳动者的健康产生更为深刻的影响。

从生理学角度对脑力劳动进行观察，就会发现它有三个明显的特点：一是长时间伏案工作，四肢、胸廓、腹腔均处于对健康不利的位置；二是中枢神经系统长时间处于高度紧张状态，大脑对氧气和能量物质的消耗明显增多；三是机体维持相对的静止状态，新陈代谢处于较低的水平，氧和能量物质的供应难以满足全身特别是大脑的需要。这种情况反复进行而不注意调节，脑力劳动者就容易患“不活动性萎缩”“神经衰弱”“新陈代谢低下”等疾病，从而削弱人们的生活能力。这就是现代社会“文明病”发病的一个原因。如果说在体力劳动时代，体育活动还不是人们健康生活的充分必要条件的话，那么，在当今生产力高度发展的信息化时代，体育就成为人们维持和改善自身体质和健康状况的法宝，成为人类进一步提高生

产力、改造自然与社会的重要武器。

都市化的生活，交通通信工具的便捷，生活服务的社会化、自动化，使人们在生活中的体力投入大为减少。与此相反，人们生活条件的改善，饮食中所摄取的营养逐渐增多，这就导致了饮食程度与人体需要之间的“收大于支”“供求不平衡”。可以说，现代社会“文明病”的蔓延，既有生产方式方面的原因，也和生活方式有关。人们要解决“活下去”的问题，进而提高人的生活质量，不得不求助于系统的体育健身运动。

体育健身运动与人的生活方式

❖ 生活方式的概述

生活方式是指人们长期受一定社会文化、经济、风俗、家庭影响而形成的系列的生活习惯、生活制度和生活意识。生活方式是由个人和社会群体、整个社会的性质和经济条件以及自然地理条件所决定的整个社会群体和整个社会的方式和特点。可以将生活方式理解为不同阶层人群在其生活圈、文化圈内所表现出的行为方式。

人们的行为表现直接显现在外，构成生活方式的显现部分，但支配人们行为的价值观却隐含在内，仍是不可忽略的重要成分。生活方式总是客观存在的，每个人总是要选择生活方式，可以是传统的，也可以是现代的，然而，无论何种生活方式，总要受下面因素制约：

1. 生产方式是生活方式的前提

人们的生产劳动创造了生活活动的基本条件，为人类提供了最基本、最简单的生活模式。对个体而言，所从事的劳动方式与自己的生活方式有很大关系，如体力劳动者与脑力劳动者的区别。

2. 社会制度、社会变革对生活方式有重大影响

不同的社会性质，形成不同的人际关系及不同的生活方式。社会主义社会的生活方式是劳动与享受的统一；社会主义生活方式是物质生活与精神生活的统一；崇高的共产主义理想和革命乐观主义是社会主义生活方式的灵魂。

3. 经济发展和生活水平决定了人们的生活方式

随着工业化、城市化、信息化时代的到来，传统的生活方式必然受到现代生活方式的冲击。21 世纪是“环境革命”时代，也是世界范围内生活方式变革的新时代。建立起环境良好的生活方式，是以新的幸福观为基础，即应该从单纯的物质满足转向社会和精神满足，追求价值。

4. 自然地理环境和文化传统对生活方式产生久远影响

处于不同的地理气候条件中生活的人们在衣食住行等方式上会有所不同，不同的文化背景使人们在情趣、爱好、嗜好、价值取向方面所有不同，因而生活习惯、风度、气质也会有所差异。

❖ 体育健身运动是业余时间活动的重要内容

人们一般用生活时间来度量生存活动的过程。按照一昼夜的生存活动周期，可以把一天的全部时间支出分为工作（学习）时间和业余时间两部分，一般而言，业余时间包括与工作（学习）相关联的时间、满足生理需要的时间、家务劳动时间和余暇时间四种。

在生活时间里，与体育健身运动直接相关的是余暇时间。所谓余暇时间，是指在个人一昼夜的全部时间里扣除所有必要时间以后所剩余的那部分“供个人自由支配的时间”，余暇时间绝不是可有可无的。马克思充分肯定了余暇时间的重要作用。他指出，余暇时间是“人类发展的空间和社会的财富”。

余暇时间的结构态势与整个社会的经济发展和生产方式相互关联。在农业时代，人们的生活受自然季节的支配，适应着农作物生长的自然节奏，没有固定的余暇时间。在工业社会，余暇时间与工作时间有了区别，但不够充分。只有在现代社会里，由于推行了许多与社会生产相适应的工时制度，如五日工作制、弹性工作制、定期轮休制、计件工作制等，较大幅度地缩短了必要劳动时间，使余暇时间呈逐渐增长的趋势。如何合理利用余暇时间，提高生活质量，已经成为政府民众普遍关注的问题。体育健身运动在人们善度余暇时间方面有了用武之地。

由于我国当前各地区经济发展不平衡，余暇时间的多寡也是大相径庭的。广大农村还受着季节和农时的支配，余暇时间不固定。农闲季节，则是开展体育健身活动的大好时机。我国城市职工，由于实行了每周40小时工作制，余暇时间已明显增多，这就为每周或每日参加体育锻炼创造了极为有利的条件。另一方面，我国城市职

工用于“与工作（学习）有关联的时间”较长，每天用于家务劳动的时间也比欧美多。在我国东南沿海地区，部分职工在八小时的劳动时间外还要加班或从事第二职业。这一趋势正在逐渐向内地扩展。因此，余暇时间不足仍然是影响我国人民参加体育健身运动的因素。

余暇时间活动的类型，也直接关系到生活质量的高低。一般而言，余暇活动可分为三种类型：即“消除疲劳型”“体质投资型”“消遣娱乐型”。据专家分析，我国居民的余暇时间大多停留在“消除疲劳型”。也有少部分人开始向第二、三种类型转变，但不够普遍。要把体育真正作为体质投资和消遣娱乐的内容还需走较长的路。这里，除要保障必要的余暇时间以外，强化人们的体育意识，加强体育健身活动的组织与指导，改善体育活动物质条件，都是使体育成为现代生活内容的重要条件。

❖ 娱乐体育充实体育健身运动的内涵

长期的医学实践证明：生活方式是影响现代人健康水平的决定性因素。转变一个人的不良生活方式也许相对容易些，而要转变成千上万人的不良生活方式则将非常的艰巨。

快节奏的生活是社会发展和人类进步的必然趋势，它提高了生命的效率，能为社会创造更多的物质财富和精神财富。同时，快节奏的生活使人精神振奋，生活充实，朝气蓬勃。相关的研究表明，适度的精神紧张能提高应激能力，有助于健康长寿。

生活节奏的加快对于整个社会来说，具有不可逆转的性质。生活节奏的加快也可能给不适者带来许多健康方面的麻烦，有悖于一部分人的生理习惯，但人们必须与之适应，才能在快节奏的生活中精神焕发，有所作为。

体育健身运动对于调节生活节奏具有重要的意义。

第一，体育健身运动能够提高人体的适应能力，使人们顺利地调整，顺应新的生活节奏。这是因为绝大多数体育运动均采用快速而灵活的运动形式。

第二，体育健身运动能够锻炼人的神经系统和心血管系统，提高人体对快节奏生活的应变能力和耐受能力。

第三，体育健身运动能够提高人的自信心、自制力，培养勇敢、顽强、坚毅的意志品质，可克服对快节奏生活的抵触、恐惧、厌烦、焦虑等心理障碍，稳定心理情绪，提高社会适应力。

在当今的体育健身运动中，娱乐体育异军突起，得到社会各个层次人们的青睐。体育舞蹈、韵律操、健美操、网球、门球、台球、趣味体育项目等体育娱乐活动，是国内外群众体育运动的热门项目。娱乐与旅游观光结合，健身配音乐伴奏，群众体育比赛中运动与游戏相映成趣，各种娱乐体育内容丰富，名目繁多，构成了现代体育健身运动的新风景线。

现代人对娱乐体育情有独钟，是由于娱乐体育的本质特征与现代生活快节奏之间有一种互惠互补作用。娱乐体育中的轻松活泼，有效地缓解了现代生活快节奏给人带来的紧张情绪；娱乐体育中融洽热烈的人际关系，有力地克服了现代社会中竞争所带来的冷酷、孤独；娱乐体育中人们对游戏活动的忘情执着，是对人生各种焦虑、沉郁心境的一种超脱，有着陶冶精神情操、体验人生真谛的积极作用。应该说，娱乐体育的兴起，是人们体育观的转变和体育多种功能得到开拓的必然结果。可以断言，随着我国社会的进一步现代化，娱乐体育也将兴盛起来，进一步丰富着体育健身运动的内容。

第三章

体育健身过程和内容

体育健身过程

体育健身过程是现代社会中人们追求自我完善的一项重要实践活动。与人们的其他活动一样,体育健身过程同样离不开哲学的指导。

体育健身过程是指锻炼者自觉运用体育手段，发挥和挖掘身体潜能，达到强身健体主要目标的实际锻炼进程，具有鲜明的实践性特点。体育健身过程的效果目标主要在于：增强体质、延年益寿、

提高适应能力、培养美感和调节心理。体育健身过程的构成要素为体育健身手段、体育健身负荷、体育健身频度和体育健身场地设施等。体育健身过程可以分为工作力上升阶段、稳定阶段和工作力下降阶段。体育健身过程的物质和能量代谢有其自身的特点，在实际安排体育健身过程时，必须考虑锻炼者的体力因素、心理（情绪）因素、饮食营养因素、劳动负担因素、作息制度因素和体育素养因素等。

❖ 体育健身过程的概念

生命在于运动，运动必须科学，体育健身的实质，就是要科学地把握和安排体育健身过程。在此基础上了解体育健身规律，懂得科学健身原则和方法，据此选择合理的体育健身手段，从事专门化的体育锻炼，并注意做好反馈评价，只有这样才能保证体育健身的效果。

体育健身过程是指锻炼者自觉运用体育手段，发挥和挖掘身体潜能，达到强身健体主要目标的实际锻炼进程。一般所称的体育手段，包括身体练习、自然因素与卫生因素等三大因素，以身体练习为主导因素。体育健身过程要求锻炼者运用体育手段，承受一定的身心负担，通过相应的磨炼和克服某种困难，使生命体发生趋优的变化。简言之，体育健身的锻炼效果是需要流汗和吃苦换来的。

❖ 体育健身过程的特点

体育健身过程是人类的一项重要的社会实践活动，它的主要目的是改造和完善自身。体育健身活动除具有人类一切活动所必须具备的共性，即意识性、社会性、客观性以外，还具有以下若干特点：

1. 从活动目的来看，体育健身过程是一种集健身、健心、健美等多种功能于一体的综合影响过程。从现代体育观来看，体育健身活动本身具有生理、心理、社会等多种功能；从个体的体育需要来说，人们要用以满足多种需要（身体、康复、消遣、参与等）。从这一角度来说，体育健身运动作为现代人的一种生活方式，负有对人的机体和人格进行全面塑造和多方面改善的任务。但是，从哲学和体育学的角度分析，体育健身的最为本质的目的，则是对人体进行生物学的改造。

2. 从表现形式来看，体育健身过程是人的体力、智力、外环境助力共同参与的运动行为过程。人的身心统一决定了体力与智力的不可分，人与环境的统一决定了人必须充分利用外环境的助力。这就决定体育健身活动表现形式的多样性。譬如，有的运动以体力投入为主，但也需要心理的“修炼”，还要求大脑神经中枢对运动反馈信息加以及时调控，如跑步；有的以智力投入为主，但其实施也需相应的体力活动，如门球、台球；有的则要接受自然的恩惠和经受大自然的洗礼，如旅行、夏练与冬练。娱乐体育则强调身心的放松与超脱，是现代人为“淡出”社会烦恼、提高生活质量的有效手段，如此等等。在健身活动中要有意识地强化“三力”，以达到“三健”的目的。

3. 从机体适应的特征看，既要注意机体所承担的负荷与机体承受能力相适应，即强调锻炼效果，同时，又要注意锻炼以后的休息与恢复，即注意保养效果。也就是说，体育健身过程不仅首先要注意健身过程本身，同时还要注意其后效应。因此，应十分注意对运动中和运动后身体状况的监测，其中，疲劳反应信息是十分重要的监测指标。

4. 从组织方法来看，体育健身过程是形式多样、组织灵活、因

人而异的社会活动。从组织形式上说，既可以集体合练，也可小组分练、个人独练，以及家人朋友共练。在方法要求上，有的要求十分严格，如集体表演或比赛；有的则极为灵活，无一定之规。

5. 从它与客体的关系来看，体育健身过程是一种主动体育。就体育的表现形式而言，可分为主动体育和被动体育（或称媒介体育）。体育的活动对象投射到主体身上的称为主动体育，活动对象投射到客体上的则称为被动体育或媒介体育。健身体育是一种典型的主动体育，它要有意识地改变主体的某些性状。由于体育健身具有主动体育的特点，因此非要“动其主观”不可。

6. 体育健身过程与人类其他身体活动（如劳动、生活）的关系极为紧密。从健身的角度看，只要达到一定的身体刺激量，均可获得一定的健身效果。这样，只要不违逆机体能量代谢的一般规律，体力工作、家务劳动均可作为健身的辅助手段而达到健身强体的效果。但是，这并不能成为用工作、劳动代替体育健身活动的理由。

体育健身过程的影响因素

体育健身过程是一个专门组织的科学活动过程，正如运动员在比赛之前要有良好的竞技状态一样，体育健身锻炼开始以前也有必要形成一定的运动准备状态。只有形成了良好的运动准备状态，才会有运动欲望，才能够全力以赴地投入运动并取得预期的效果。缺乏运动准备状态而贸然投入运动，不能收到锻炼效果，还可能出现伤害事故。良好运动状态的形成，需要有一定的外部因素或条件，这些外部因素或条件，有的是锻炼者本身必须具备的，有的则需运动前调整形成。

❖ 体力因素

体力是人们进行体育运动的基础，没有体力就不可能进行体育锻炼，体力包括走、跑、跳的基本能力以及力量、耐力等基本素质、时空感知能力等。体育健身者拥有充沛的体力，运动后才有积极效果。一般人的体力尽管呈波浪式变化，但变化幅度并不大。在异常情况下，体力会急剧变化，锻炼时要及时调整负荷。

❖ 心理因素

情绪高涨则锻炼积极性高，运动感觉良好，动作轻松协调，负荷总量容易加大；反之，心理状态不佳，情绪不佳，则使人倦怠，不想运动。因而，心理因素对锻炼积极性有重要影响。

形成固定的锻炼制度以后，由于生物钟的及时警醒，锻炼情绪较为稳定，心理状态正常。锻炼制度一旦改变，情绪也会发生变化。精神适度紧张对发挥机体能力有好处。但当劳动过度、精神过于紧张时，情绪也会受到影响，此时负荷不宜安排过大。

❖ 饮食营养因素

其基本原则是保持机体同化与异化的平衡。当营养不足或空腹运动时，则负荷安排宜小，以降低因血糖低而引起的不适；当营养过剩时，要适当加大负荷，特别要注意延长运动时间，促进脂肪的消耗。应注意饮食平衡和饮食卫生。

❖ 劳动负担因素

劳动也是一种消耗，从生理角度来看属于异化过程，具有促进同化的作用。劳动负担的大小直接影响到健身活动安排。当劳动强度过大时，运动更多地带有调整和放松的性质；而当劳动强度小时，运动多带有锻炼因素。劳动性质和部位对运动锻炼过程的影响很大，健身锻炼时劳动肢体要注意放松，非劳动肢体要加强锻炼。脑力劳动者的全身锻炼更是必要。

❖ 作息制度因素

运动在余暇时间进行；余暇时间的多少，对锻炼制度亦有重要影响。时间充裕的锻炼者，锻炼时间较为自由，多采用运动与休息相间安排，即疏状安排方式；时间较紧的锻炼者，要采用集约化安排方式，注重提高单位时间的锻炼效率。缺乏整块余暇时间的人，也可以分散安排，积零成整，亦有效果。许多学者研究认为，“高质轻负”（负荷不大，提高运动质量）的安排方式，对现代人是有利的。

❖ 体育素养因素

体育素养表示在人生经历中所受到的体育教育程度与水平，它包括体育知识、技能的掌握程度、身体素质水平等。它们对运动项目的选择性，对健身运动的倾向性以及对人的运动行为均会有所影响，从而影响到体育健身过程。

体育健身的内容

体育健身内容一般可以分成健身运动、健美运动、医疗体育、矫正体育、娱乐体育和防卫体育等。根据体育健身的特征，可以将其有条件地分成传统健身、身体基本运动、球类运动、体操舞蹈运动、自然力锻炼、民间大众体育以及健身器械运动等。传统健身源远流长，身体基本运动简单实用，球类运动趣味性强，体操舞蹈运动富有表现力，自然力锻炼满足人们回归自然的心理，民间大众体育灵活性强，健身器械运动具有针对性。对这些基本特征的创造性把握，是科学运用和取得实效的关键。

❖ 体育健身内容概述

体育健身内容具有悠久的历史，是伴随人类社会的生存繁衍而逐步产生和发展起来的。我国在尧舜时期阴康氏发明的“消肿舞”，开创了医疗体育内容的先河。在我国几千年的历史长河中，创造了极为丰富的体育健身内容，如导引术、五禽戏、八段锦、太极拳等，至今仍广为流传。随着西方文明的兴起，欧美盛行的某些体育健身内容，如田径、体操、球类、舞蹈等，也逐渐植根于中国的大地上。在我国大力倡导推行体育健身运动的今天，一些锻炼者和研究人员已经革新和创编了许多新的锻炼内容。国家体委（国家体育总局的

前身）也曾专门组织人员，对体育健身内容进行收集整理，推陈出新。可以预言，随着人们对体育健身科学认识的不断深化，体育健身的内容大体可以分成如下几类：

1. 健身运动

健身运动是介于散步和竞走之间的一种健身运动。健身走的姿势是在自然行走的基础上，躯干伸直，同时收腹挺胸抬头，随走步速度的加快，肘关节自然弯曲，以肩关节为轴自然前后摆臂，同时膝盖朝前，脚跟先着地，过渡到前脚掌，然后推离地面。健步走时，上下肢应协调运动，并配合深而均匀的呼吸。

2. 健美运动

健美指人的健康强壮的身体所显现出的审美属性，是人们追求人体美的一个综合标准，指肌肉、骨骼、血液、肤色充满着生命的活力，无论其外部形式或内部结构都是匀称、协调、充满生机的。

任何行动都能显示出全身各部分的协调和谐、自然舒展、生机盎然、神采奕奕。

健美是与人的形体美密切相连的，健美是形体美的基础。人体有对称的造型、均衡的比例、流畅的线条、坚强的骨骼、匀称的四肢、丰满的躯体、弹性的肌肉、健康的肤色，这是形体美不可缺少的条件。健美还要求具有充沛的精神、愉快的情绪、青春的活力。

美的人体应该是健、力、美的结合。美的人体应该是健康的，没有健康的身体，就没有人的形体美。只有健康、匀称的人体形象，才能表现出富有生命力的美，显示出生机勃勃和充沛的精力，才能成为人的本质力量的承载体。要造就健美的体型，应积极参加体育锻炼和适当的体力劳动。因为健美可以通过后天锻炼获得。人的身体结构是十分完善的，具有极大的可塑性，必要的营养和经常参加

劳动，坚持体育锻炼，是促进健美的条件，它能使肢体各个部位得到匀称的发展，肌肉会结实而富有弹性，关节灵活，体型完善，面色红润。

3．医疗体育

医疗体育，又称康复体育，运动医学的一部分，是指病患者为了配合治愈某些疾病而进行的身体锻炼，是运用各种体育运动方法治疗创伤和疾病的学科。医疗体育的内容，即根据疾病性质相应采取的手段。一般采用动作轻缓、运动负荷较小的散步、慢跑、太极拳、气功、按摩、保健操等。为提高康复效果、缩短疗程而与药物治疗相结合，在医生指导下，按运动处方进行定量锻炼。医疗体育不仅治疗疾病，同时还能促进各种脏器机能的恢复，既对全身有积极影响，又对局部器官产生强有力的作用。医学界把用体育运动治病的方法称为体育疗法。

4．矫正体育

它是指为了弥补身体某些缺陷或克服功能障碍而进行的身体锻炼。练习内容应根据身体的特殊情况进行专门安排，如近视眼可通过眼保健操适当恢复视力或控制近视加深，轻度驼背可做脊柱弯曲矫正操等。

5．娱乐体育

娱乐体育是指为了丰富生活、调节精神、欢度闲暇而进行的体育活动。娱乐体育的特点是注重人文关怀，活动内容丰富多彩，具有时尚、流行、从众性与创新性。娱乐体育是一种个性化极强的活动，人们对活动项目选择的自由度很大。另外，娱乐体育能够丰富生活、调节情绪、缓解精神紧张、善度余暇。娱乐体育以消遣、娱乐为目的，内容选择上以个人爱好为前提，如游戏、球类活动、郊游、钓鱼等。

6. 防卫体育

防卫体育是指为提高防身和应变能力而进行的身体锻炼。这种锻炼既可强身，又有较强的实用价值，如摔跤、拳术、擒拿、攀登、爬越以及各种灵敏性、自我保护性的专门练习。

❖ 体育健身具体内容

1. 传统健身

中华民族的传统健身方法即中华民族传统体育，是一种具有独特发生发展机制的文化类型，具有古朴、自然、和谐及生活气息浓厚、娱乐色彩浓郁等特点，是当今体育不可缺少的组成部分。

2. 身体基本运动

平常所讲的走、跑、跳、投、攀登、爬越、游泳等运动，属于人体基本活动的范畴。它们是人们生活和生产劳动所必需的技能和能力，同时也是重要的健身运动手段。身体基本运动手段是最简便最易见实效的健身运动项目，也是最易标定负荷量度的运动项目，在体育医疗康复中运用十分广泛。

3. 球类运动

在远古时代，人们在劳动之余，出于休闲娱乐和侍奉祭祀的心理需要，常常会利用某些充气或实心的圆形物件，进行比赛或表演活动，逐渐形成最初的“球类运动”。在人类历史发展中，人们创造了许许多多的球类运动形式，譬如，与足球起源有着密切联系的蹴鞠，就产生于古代的中国。当今以“球”为运动媒体的活动更是项目繁多。在竞技运动领域，球类运动项群，是这一家族的重要成员，既是奖牌大户，又充满无限魅力。在各类学校体育活动中，球类运动是学生普遍喜爱的活动内容。各种球类活动项目，也逐步成为广大中老

年人十分爱好的健身活动项目，满足着各类人群的不同需求。

球类活动的最大特点，是具有浓厚的游戏性（娱乐性），能极大地提高人们的活动和欣赏兴趣。球类活动常以竞争和群体的方式进行，不仅能有效地培养人的勇敢、顽强、果断、机警等意志品质，而且能极大地增强人们的参与意识，陶冶人的情操，培养人的竞争意识、群体意识和审美意识。此外，各种球类运动由于其项目特征不同，负荷特征也迥然有异，可以满足不同类型人们的特定要求，如青少年可参加强度较大的足球、篮球运动，中老年人则可参加强度稍小的网球、门球等运动。

在大众的体育健身锻炼中，除了人们喜爱的篮球、排球、足球等项目以外，网球、羽毛球、乒乓球、门球等也都是受人青睐的项目。

4. 体操和舞蹈运动

体操和舞蹈运动是按照体育健身活动的需要，由人工创编的肢体运动，属于非自然体育的范畴。从现代运动项目的发展趋向看，

非自然体育也和自然体育一样得到飞速的发展。现代体操不仅是竞技运动的重要领域，更是大众健身的重要内容。大众健身中的体操，主要包括：徒手操、器械体操、健美操、广播体操、医疗体操等。舞蹈属于文化娱乐活动的范畴，其历史十分悠久，随着社会文化活动的兴起、发展、繁荣而不断兴盛。在现代社会里，舞蹈中的一支——体育（健美）舞蹈，具有十分明显的身体文化的特征，正日益受到人们的青睐。

5. 自然力锻炼

人体与自然的关系，有一个内外环境的统一和平衡的问题。人体不仅要增强机体功能，在各种自然环境条件下求得生存，而且应该利用各种自然因素（自然力）进行身体锻炼，以提高自身适应能力，增进健康和增强体质，由此衍生出某些自然力锻炼手段，如日光浴、空气浴和水浴等，俗称“三浴”。人类在其生命长途中，时刻都与日光、空气、水打交道，但它与以强身健体为目的的“三浴”相比较，却有着很大的不同。

6. 民间大众健身

在民间流传着深受人们欢迎的民间大众性体育健身手段，这种大众性运动手段，有的有着深厚的历史文化底蕴，有的则纯粹是为休闲娱乐而设置，有的已逐步形成较为严格的活动规则，有的则无一定之规。我国各少数民族，也都有丰富多彩的民间大众性运动手段。近年来，在推进全民健身计划时，国家体育总局也组织整理、创编和推广了大量的民间大众性体育运动手段，从而极大地丰富了中华体育健身手段的宝库。

7. 健身器械运动

由于世界范围内大众健身运动特别是健美运动的普及，使得以前作为竞技运动手段的许多体育器材，也逐渐转向大众体育领域，另一方面，人们已经研制出了许多适合健身锻炼需要的体育器材，这样，就形成了一类新型的健身运动手段——健身器械运动。现代健身器械已经走出了狭隘的健身中心，向大众化、家庭化的方向发展。

第四章

体育健身规律、原则与方法

体育健身过程应遵循超量恢复、负荷强度法则、负荷量与强度互变原理、运动负荷价值阈理论，以及身心互制这五大原理。体育健身原则是身体锻炼过程客观规律的主观反映，也是在实际锻炼过程中必须遵循的准则。体育健身原则主要包括目的性、身体全面发展、运动适量、循序渐进和区别对待等。

体育健身的规律

❖ 超量恢复原理

根据运动生理学原理，人体在运动中所消耗的能量物质，在运动后不仅可以恢复到原有水平，而且可以超过原有水平。与此相适

应，人体各器官和系统的机能也可以超过原有水平，这就是超量恢复。根据超量恢复原理，健身运动过程可分为三个阶段：即运动时各器官系统工作能力下降阶段；运动后工作能力复原阶段；工作能力超量恢复阶段。人体健身运动就是这样沿着“消耗—恢复—超量恢复”不断地循环往复，逐步适应，而达到增强体质的效果。

据此，为了达到健身的效果：（1）机体在运动中必须要承受一定的生理负担，造成一定的疲劳（加强异化，促进同化），才能达到目的。没有消耗的运动，其健身效果是不佳的。（2）运动后必须有合理的恢复与休息，这是造成超量恢复的前提条件，过分疲劳对机体的健康是不利的。

❖ 负荷强度法则

根据超量恢复原理，机体要有一定的负荷刺激，才能造成一定的反应，引起机体的能量补偿。但这种负荷刺激的大小要遵循负荷的强度法则。所谓强度法则，是指在一定的生理限度内，机体的应答性反应的大小，一般与刺激大小成正比。也就是说，机体的适应性反应取决于运动负荷的强度（刺激程度）。

其中，小的负荷，引起机体小的变化；稍大的刺激引起机体较大的变化；更大的刺激，引起机体更大的反应；运动刺激过大，机体反应时间延长，甚至不产生超量恢复反应。

这样，在一定的生理范围内，负荷越大，超量恢复的效果也越大，适应性变化就越大；负荷变小，则机体引起的适应性变化的效果也小，这就是强度法则的精髓。据此：（1）必须要合理安排运动负荷，过小的负荷对机体影响也不大；但负荷不能过大，如超过一定的生理限度，则应答性反应不但不会提高，反而可能降低；（2）要注意克服“习惯性负荷”对机体的影响。

❖ 负荷量与强度互变原理

运动负荷作为人在体育锻炼时机体所承受的生理负担，决定其大小的主要因素是量和强度。任何运动负荷都由量和强度所组成，没有量的强度和没有强度的量，都是不可思议的。机体能够承担小的强度而大的量，就能够承担小的量而大的强度。反之，机体能够承担小的量而大的强度，就能够承担小的强度而大的量，但它们二者又是互相转化的。

对机体而言，凡是量小而强度大的负荷，对机体的刺激影响就愈是深刻，但后作用愈不稳定；凡是强度小而量大的负荷，对机体的刺激影响就愈是稳定，但不够深刻。这种负荷由于以有氧运动占优势，对人体机能水平要求不高，又能获得稳定的增强体质的效果，是一般健身锻炼者首选的运动负荷方案。这就是有氧锻炼负荷的优势所在。

负荷量与强度的互变，是一个极其复杂的问题。如果一味强调负荷的量，则由于负荷刺激的强度不大，一方面不能给予机体以深刻的影响，同时也需要消耗大量的运动时间，锻炼效益不佳。因此，在实际锻炼中，需要把量与强度有目的地加以匹配。

了解这一原理对我们安排负荷很重要：(1）安排负荷时，具有很大的灵活性，同时，只要靠拢曲线的某一点，也不乏科学性。(2）对于不同的个体，在负荷强度与量的安排上，应有不同的方案。如中老年人机体偏弱，则负荷量可以大一些，强度一定要小，以时间（量）求负荷。青年人和身体强壮者精力较旺盛，则强度可大一些，以力量（强度）求负荷。

❖ 运动负荷价值阈理论

运动负荷价值阈理论是一种广为流传的身体锻炼理论。它实质上是一种有氧锻炼理论，即在机体获得充分氧气供应情况下进行锻炼的理论（认为乏氧锻炼对机体不利）。这种理论认为：对人体的健身活动有着良好作用的负荷强度，应该保持在一定的范围内。这种适宜的健身强度范围，就是运动负荷的价值阈。制定价值阈标准的依据是心搏量（每搏输出量）的极限值。广泛的实验研究认为，对于青少年来说，当心率处于每分钟 120 ～ 140 次时，心脏每次收缩搏向大动脉的血流量达到最高值，身体各器官系统得到充分的血液供应，代谢状态良好，增强体质的效果也好。当心率处于每分钟 120 次以下时，心脏功能未得到充分发挥，健身效果较小。而当心率达到 140 次 / 分钟以上时，机体主要靠加快心搏频率以提高心输出量，这时运动只能维持较短时间。如果运动时间延长而强度不减，则会出现全身供血不足而精疲力竭。

运动负荷价值阈理论为人们用负荷的内部数据控制运动量度提供了依据。当人们在一定时间内按某种标准负荷进行锻炼时，由于机体适应能力的逐步提高，运动时心率值势必会跌落在负荷价值阈标准以下，成为阈限下负荷，这时就需要增加运动量度，使心率回升到价值阈范围内。因生病、中断练习而造成的机能能力下降，也可用价值阈原理来调节负荷。

运动负荷价值阈理论，对于青少年学生来说，也许未必完全合适。这是因为青少年要适应社会生活，需要全面锻炼和迎接各种考验。就身体素质来说，也需要全面发展速度、力量、耐力等。但对于广大以增强生命活动功能为主要目标的成年体育锻炼者来说，则是基本适合的。至于心搏量最佳阈限的数值，则应因人而异。

❖ 身心互制原理

人具有生物性和社会性。因此，看一个人是否健康，不能单从身体上有没有疾病和机体功能是否正常来衡量，这点已于前文有所描述。从事体育锻炼，也不能只求获得身体的健康和体质的增强，健康的身体以良好的精神状态为依托，良好的精神状态以健康的身体为前提。精神不佳，容易沮丧，健康自然也容易受到影响，这就是身心互制原理。

我国传统养生理论中十分重视身心互补，即所谓精、气、神之说。现代社会的三维体育观（生物、心理、社会体育观）也强调，体育的作用要从生物、心理、社会几方面加以考察。

一方面要强调利用多种途径和方式来增进身体健康，增强体质。除体育活动外，日常劳动、健康生活、交际语言、音乐绘画、品茗闲谈、休假旅游等，都可以成为身体康复和保健的良好手段。另一方面也要发挥体育对人的多方面的影响，这也就是说，人们的体育锻炼，并不只是着眼于体质的增强，而是谋求身心的全面锻炼和影响。社会愈是向前发展，人与自然环境的距离也愈是疏远，人际关系也愈显淡漠，对人的身体健康产生着愈为不利的影响，则通过体育锻炼发挥身心互补作用的要求也会愈高。

体育健身的原则

众所周知，生命在于运动，运动有益健康，但运动也要遵循一定规律，才能更有效地达到健身要求，这也就是运动健身应遵循的基本原则。如明确目的自觉锻炼，持之以恒，循序渐进，适量运动，全面发展，从实际出发和巩固提高。这些原则是人类在自身建设、

完善和优化自我生命系统整体功能过程中客观规律的反映；是人类对长期从事强身健体、提高活力和延年益寿成功经验的总结和概括；是现代人坚持自我终身体育运动锻炼必须遵守的原则。体育健身原则是体育健身学的重要组成部分，对体育健身活动的科学进行有指导作用。

人们为追求健康和长寿，总是孜孜不倦地摸索其规律并身体力行，体育健身原则正是这些体育健身成功经验的总结和概括，同时也是对不成功的教训的必要扬弃。久而久之，逐步形成了一些较为稳定的、在进行科学锻炼过程中所必须遵循的准则，即体育健身原则。根据正确的原则而进行的体育健身过程，总会带来事半功倍的效果。反之，如果违背原则而盲目锻炼，就会事倍功半甚至事与愿违。

健身运动锻炼的原则，是健身运动过程客观规律的反映，是健身运动实践普遍经验的总结和概括。为了达到健身运动的目的，取得健身锻炼的佳效，除了要遵循健身运动的客观规律之外，以下所述是进行自我健身锻炼必须遵循的准则。

❖ 目的性原则

健身者必须在主观上充分意识到大众健身运动的价值和意义，从而有目的、有计划地投身于健身运动的锻炼过程中去。

健身运动是一个主动接受负荷刺激，造成一定困难和疲劳的活动过程，要在产生良性积累的情况下才能显现出来。而在每次的健身运动过程中，健身者所感觉到的只是吃苦和流汗（当然在锻炼中也有使人感到愉快的情绪体验）。如果健身者没有明确的目的，健身价值观念不强，思想上就会缺乏动力，行动上也就不会自觉，健身锻炼也就不会坚持下去。只有充分意识到健身锻炼的价值，有着明确的目的，才能真正接受困难和疲劳的考验，在吃苦和流汗中找到欢乐。不同年龄的健身者应该有不同的锻炼目的。如果说少年儿童通过参加健身锻炼，主要可以提高身体素质、增强内脏器官的功能、促进身体生长发育的话，那么，青年男子主要则是通过参加健身锻炼来发展肌肉，提高肌肉质量，增进肌肉群的弹性，增长体力，增强内脏器官的功能，使体质强壮、结实，使体形体态健美；青年女子通过参加健身锻炼，则主要可以提高肌肉质量，增强肌肉的弹性，增长体力，防止脂肪积聚，使体形体态丰满、性感、匀称、苗条、健美。而中老年男女，通过参加健身锻炼主要可以增强体质、增进健康、提高肌肉素质，以及增强肌肉弹性，增进关节的灵活性，改善内脏器官的功能，消除紧张和焦虑，促进机体的新陈代谢，增强免疫功能和抗病能力，从而保持旺盛的精力、延年益寿。

大众健身运动的目标，又可分为长远目标和短期目标。一般来说，少年儿童参加健身锻炼的长远目标有两个，即生长发育和身心健美。而中老年人参加健身锻炼的长远目标也有两个，即是健康生活和延年益寿。而短期的目标可以是多种多样的。比如，有的人平时不爱活动，如要投身于系统的大众健身锻炼，则要采用预备性（适应性）锻炼的短期目标，这就要求锻炼前要接受医学检查，每次锻炼的负荷要由小到大，波浪式地逐步提高。同时要注意运用科学的恢复手段来缓解肌肉酸痛。还有的人久病初愈，就要把大众健身与养病结合起来，不能操之过急，亦不可心灰意冷。而患有某些慢性疾病和体形缺陷的人，也要确定短期的疗疾康复锻炼目标，把健身运动和医务监督结合起来。只有这样，才能完成各自的锻炼目标，达到各

自的锻炼目的，取得最佳的锻炼效果。

在体育锻炼实践中，一般需要通过医务检测、素质和成绩测验、定量负荷测验、自我感觉、参加比赛等多种形式，对锻炼效果加以评价。针对各项检测的结果，要运用体育专门知识和科学态度正确地分析，客观地评价。恰当并且合理的评价活动，有助于锻炼者养成定期接受检测和自我检测的习惯。同时，要注意总结个人锻炼中的经验教训，扬长避短，摸索适合自身特点的锻炼内容、负荷、手段和方法。

❖ 全面性原则

健身者要从人体的整体出发，全面锻炼和发展身体的各部位、各器官系统的机能、各种身体素质与基本活动能力，只有全面锻炼，才能多方受益。

人体是在大脑皮层统一调节下的一个有机整体，人体各器官系统、各部位、各种身心素质和活动能力是相互联系、相互促进和相互制约的。同时各系统又有独自的功能，它们之间不可互相替代。而健身运动的主要目的是促进整个机体的协调发展，提高人体身心的健康水平。为此，在健身锻炼时，若忽视整体全面性，目的与活动单一，只发展身体的某一局部，虽然它对身体其他部分也会有所影响，但并不能代替全身的锻炼，势必导致身体片面发展，造成某些部位、器官系统、身心素质和机体能力薄弱，既影响“提高”，也易发生伤害事故。这种情况如果持续下去，就会导致身体形态和机能的畸形发展。所以，对于广大健身者来说，贯彻全面性原则尤为重要。而参加健身运动，必须要以追求

身体形态、机能、身体素质与心理等身心全面和谐发展为首要目标，合理选择和搭配锻炼的内容与方法，保证做到“扬长补短”“内外结合”“身心一致”。

另外，合理选择和全面搭配身体锻炼手段。各种身体锻炼手段都能对人产生某种特定的影响，但同时又具有一定的局限性，比如，长跑练习对内脏器官和下肢的锻炼比较有利，而对发展力量则显得不足；单双杠练习有利于发展上肢，但对下肢及内脏器官的锻炼效果稍差。这就要求在选择锻炼内容时统筹安排，全面照顾。一方面要注意选择那些对身体各方面有全面影响的手段，发挥其全面锻炼效能，另一方面，也可将某些锻炼手段加以组合搭配，发挥其互补作用，这样才可以保证对于身体的全面锻炼。同时，亦可根据每年时令季节的不同，交替进行某些运动项目，促进身体全面发展。如在冬春季节参加滑冰、打球、长跑等，夏秋时节进行游泳、体操等。

❖ 运动适量原则

所谓运动适量原则，是指在身体锻炼中，恰当合理地安排运动负荷，使之既能满足锻炼者增强体质的需要，又符合身体的实际接受能力。

运动适量原则是身体锻炼中的一个极为重要的原则，这是因为所有身体练习活动，都在于使机体承受一定的负荷，造成一定的内外刺激，从而引起相应的反应，获得增强体质的实效。运动负荷安排是否合理，直接影响锻炼效果。负荷过小，刺激不能引起机体的机能反应，达不到强身壮体的作用；负荷过大，机体超载负荷，不但不能增强体质，反而会损害身体。

1. 运动适量原则的依据

（1）超量恢复原理

根据这一原理，有机体在运动中承受的运动负荷，必须与机体承担负荷的能力相适应，即使机体承受此种负荷后有着一定的疲劳但绝不能过劳。只有负荷适量，并配合一定的休息措施和恢复时限，机体就不仅能恢复到原有水平，而且会超过运动前的水平，导致能量储备和机体能力的稳定增长，体质的逐步增强。

（2）运动负荷价值阈理论

这一理论的基点，是把运动负荷控制在合适的有氧强度的范围内，以保证对机体适宜的刺激强度。从这一角度来看，阈上负荷和阈下负荷对身体健康是不利或作用不大的。

2. 贯彻运动适量原则的要求

（1）要认真考虑负荷量和强度的配置

量和强度作为运动负荷的两个基本方面，是不可分割的。然而，

它们又有其各自不同的影响。要根据锻炼者的身体状况和锻炼目标，科学地安排负荷的量与强度。不切实际地加大锻炼负荷的量与强度，往往会产生事倍功半的效果。

（2）要认真测定和分析运动负荷的内部数据

在安排内容和进行练习时，既要注意内部数据与表面数据之间的一致关系，又要注意它们之间的不一致：当机体处于不同机能状态时，或是不同的个体相比较时，同样的表面数据可能引起不同的内部数据，不同的表面数据亦可能产生相同的内部数据。因此，不仅要注意科学安排练习的表面数据，尤其重要的是要十分注意内部机能变化，加强对机能变化状态的监测，并以此调节运动负荷。

（3）要认真安排休息，使之与负荷合理交替

休息可分积极性休息和消极性休息两种。在身体锻炼过程中常见的是运动与休息互相交替。最为有利的交替方式是安排休息时，先要安排积极性休息，后安排消极性休息，再采用积极性休息，即“金字塔”式的休息方式。休息的时间，要短到不影响疲劳充分恢复，长到不降低活动时的工作能力。休息时间过长或过短，都会影响实际锻炼效果。要掌握好休息的时间与“火候”，需要在专门指导下不断地积累经验。

（4）要避免过度疲劳

适度疲劳，是身体异化过程的主观反应，也是健身活动所必需的。然而，过度疲劳，特别是长期持续性过度疲劳，不仅不能达到增强体质之实效，还可能导致多种疾病。有的锻炼者追求健身效果心切，往往不遵循系统性原则，盲目地增加运动负荷，常常造成过度疲劳的后果。

判断机体是否过度疲劳，可采用许多教育学、生理学和医学方法。锻炼者自身主观感觉，也是判断疲劳程度的重要标志。一旦诊断为

过度疲劳，则应立即停止一段时间的锻炼，或采用其他恢复手段和方法。

（5）在安排负荷时要考虑有关的其他因素

如劳动负担、工作性质、休息方式、睡眠状况、食欲情况、营养状况、作息制度等。

❖ 渐进性原则

人体内脏器官系统的功能活动有一定的惰性。因此，健身者在制订健身锻炼计划和在参加健身锻炼及学习运动技能时，必须按照循序渐进的原则、遵循超量恢复的法则，运动量要由小到大，技术要求由简单到复杂逐步增加，来逐渐地提高锻炼负荷、动作难度和适应能力，从而使机体从相对安静状态进入工作状态。且机体对外界环境的适应能力和工作能力的提高，需要有一个逐步变化的过程。即机体随运动量的不断（增加）总是处在“不适应—适应—不适应—再适应”的过程中，这实际上是有机体在形态、生理和心理等方面

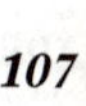

的适应过程，是一个由量变到质变的过程。因为人体发展是渐变的过程；有机体对锻炼刺激和自然力的适应是逐步的过程；超量恢复也只能产生在适宜锻炼负荷之后；动作技能的形成和提高，必须经过泛化、分化、巩固和自动化四个阶段。如果仅用一种（套）健身动作（操）方式和方法数月或长年不变地进行锻炼，就不可能逐步提高健身锻炼的水平和增强体质，它只能达到维持健康的效果；如果突然进行一次大强度、长时间和多重复的健身锻炼，则违背了渐进性的宗旨，同时也不符合身体发展的规律，甚至可能导致身体机能失调，破坏同化优势的法则，使身体受到伤害，就更谈不上增强体质、健益身心和延年益寿了。

在参加健身锻炼时，必须循序渐进，要求针对个人体质状况，由小到大逐步增强锻炼的难度和负荷量，渐进时间和每次渐进的量，应按照负荷和有效价值阈所规定的时间和量来确定渐进的指标，并且按照这个指标来严格安排渐进的幅度和阶段时间。比如，在提高锻炼负荷时，宜先加量，后增强度；在每次锻炼时，必须做好准备活动和放松活动。而不能好高骛远，急于求成，或盲目、草率地进行锻炼。否则，都容易发生伤害事故。

❖ 区别对待原则

区别对待原则是指在体育健身过程中，锻炼者要根据不同的年龄、性别、身体条件、运动基础、职业特点等，合理地选择练习内容、手段方法和安排运动负荷，做到区别对待，因人而异，使健身锻炼具有针对性。

1. 区别对待原则的依据

个体发展的统一性和差异性。人体在其生长发育过程中，具有一定的阶段性，这样，在同年龄的人群中，大体呈现基本相同或相

近的体质特征。但是，在同年龄的不同个体中，在身体状况和体质水平等方面，又都有着千差万别，即使是体质状况大致相似的人，随着身体锻炼过程的发展，个体对负荷量或强度的适应能力也会出现差异。因此，不可能提出一个人人通用的身体锻炼量度方案，必须依据锻炼者的不同情况，区别对待，做到“一把钥匙开一把锁”。

体育手段的多样性和锻炼者广泛的选择性。体育运动项目丰富多彩，最为流行的身体锻炼手段也有几百种。但是，这些锻炼项目特点各异，对身体的影响也不尽相同。为提高身体锻炼效果，就要根据个人的实际情况，有针对性地加以选用。一般来讲，选择 2 ～ 3 个较为实用的健身手段方法就可以了。

身体锻炼的恒常性和锻炼环境的可变性。锻炼要求经常，锻炼者机体变化起伏不大，锻炼负荷也不应有过大的起伏，然而，锻炼环境会随季节气候经常变化。只有根据各种自然和活动条件相应地做出安排，才能掌握锻炼的主动权。

2. 贯彻区别对待原则的要求

（1）要注意锻炼者的年龄特点

在不同年龄阶段，人体的机能是有差别的。少儿时期处于生长发育阶段，全面发展是锻炼的前提。由于骨骼硬度小，韧性大，不宜采用过多的负重练习。非对称练习也要适度。由于心肺功能不够完善，不要过分从事剧烈运动，要少用憋气动作和静力性练习。青壮年时期，是人生体质的发达期，运动适应性强，能承受较大的练习强度，可从事多种锻炼活动。

在中老年时期，人体各组织器官逐渐老化，疾患增多，运动器官机能减弱，关节韧带的灵活性差，不宜完成幅度过大、用力过猛

的动作，锻炼时易发生骨折。最适宜的项目是负荷适中、节奏轻缓的练习。

（2）要注意锻炼者的性别特点

男女的身体差异是十分明显的。男性肌肉发达，占体重的42%左右，女子只占36%左右，故男子运动负荷应比女子大，适于完成力量、速度、跳跃等动作，女子则适于完成平衡、柔韧等动作。从心理上看，女子偏爱轻盈、优美、富于韵律的动作，男子则偏爱刚健有力、对抗性强、有一定冒险性的动作。指导时要注意因势利导。

（3）要注意锻炼者的身体和健康状况

身体和健康状况是确定身体锻炼内容方法和负荷的主要依据。锻炼前要通过体质检测、医学诊断或病史调查等手段，掌握锻炼者的健康情况和水平。对于患有高血压、冠心病等心血管系统疾病的人，应在医生指导和严格监督下进行锻炼。对于其他疾病的患者，也应了解其病患部位和程度，以便“对症下药”，也可采取专门性练习，或因病情重而暂时中止练习。

（4）要考虑锻炼者的职业特点

由于社会分工不同，社会不同职业者劳动性质差别较大，有的从事体力劳动，有的从事脑力劳动，有的从事混合性劳动；从劳动强度来分可有大、中、小强度；至于劳动姿势和劳动环境，则是千姿百态，难以尽言。要根据不同职业者的劳动特点，制订出有针对性的切实可行的锻炼方案。比如，脑力劳动者，工作时经常维持弯腰伏案的姿势，颈部前倾，脑供血受阻，颈、背、腰部肌肉易酸痛；由于低头含胸，肺部活动受迫，呼吸机能降低，肌肉缺乏活动，体力下降等。针对这些特点，就应以动作舒展的运动性户外锻炼为主。对不同特点的体力劳动者，锻炼手段也应具有特异性，其主要特点是：

对劳动中负担较重的部位和肌群的锻炼应以舒展和放松练习为主；对劳动中负担较轻或基本无负担的部位和肌群，可适当加大活动强度；注重身体各部位和身心协调发展。

（5）注意地域和季节特点

我国幅员辽阔，不同地区地理气候条件、体育的地区特色等均有不同。锻炼中要强调因地制宜，从各地实际情况出发，有针对性地安排。我国居民进行身体锻炼多在室外进行，受季节气候制约较大，要依据自然环境的变化，调整和变更锻炼计划和锻炼活动。

上述各项身体锻炼的原则是相互联系的，是一个有机的整体，要在身体锻炼过程中全面贯彻，并结合锻炼手段、方法加以综合运用。

体育健身的方法

体育健身方法是在身体锻炼过程中，为达到预期效果而运用体育健身手段的途径和方式。

通常，体育健身方法的选定要在确定了身体锻炼目标和任务，安排好锻炼内容的基础上进行。往往普通的体育锻炼者注重于对锻炼内容和手段的选择，而对方法的选择不太重视，这就有失偏颇。事实上，方法选择正确与否，直接关系到锻炼内容的实施和健身目标的实现。许多健身手段本身对人体具有多种功能，但由于运用方法不当，也可能达不到应有的效果，有时甚至带来危险。特别是在组织一定规模的群众性体育健身活动时，方法的选择和运用则具有影响全局的作用。

人们在找寻体育健身手段时，始终坚持对锻炼方法的探索，从而产生了许多传统的健身方法，这是历史可以证实的。这些方法又和传统健身手段密切地结合在一起。如导引术和太极拳，既是一种

传统健身手段，又是特殊的体育健身方法。在现代，既有专门性的锻炼方法，也有与其他手段融合在一起的锻炼方法，整个健身方法系统可谓纷繁复杂，不一而足。

选用体育健身方法要考虑多种因素。首先，它要以健身目的任务为前提，如要提高自身的意志品质，就可以采用各种重复与间歇锻炼法。其次，要考虑锻炼者自身的特点，如有的锻炼者性格活泼，喜欢交友，就可采用游戏和比赛法；锻炼者的年龄偏大，可采用气功、太极拳等单纯重复性的传统健身方法。再次，锻炼者所处的环境条件，也是运用健身方法时必须考虑的物质条件。最后，要根据健身锻炼项目的特点和要求选择相应的方法。总之，可以说，健身有法，但无定法，贵在得法，灵活用法。

❖ 重复锻炼法

重复锻炼法，是指按一定负荷标准，重复进行某项练习的方法。重复的次数和时间，是决定健身效果的关键，确定和调节重复的次数和时间，应考虑项目特点。这种方法适合运动负荷较小或用时较短的项目以及动作技术比较复杂，难于掌握的项目。通过反复练习，有助于学习和巩固动作技术；另外，也适合运动负荷安排较大、难以一次完成的练习。

重复锻炼法时应注意：

1. 合理确定练习重复的要素。其中包括重复练习的总次数，每次重复练习的距离或时间，每次重复练习的强度（速度或重量等），各次重复练习之间的间歇时间等。

2. 切实保证每次重复练习的质量。不能因重复次数多而降低动作要求，也不能由于疲劳出现而减少计划所规定的练习数量。

3. 要克服单纯重复造成的枯燥感。在采用这一方法时，一方面要加强意志锻炼，克服厌烦情绪；另一方面，可安排调整措施，如在练习前后穿插轻松活泼的辅助练习等。

❖ 变换锻炼法

变换锻炼法是指在改变锻炼内容、强度和环境的条件下进行锻炼的方法，如变换锻炼项目、变换练习要素、改变运动负荷、变更练习环境和条件等。

在下列情况下，一般应采用变换锻炼法：

第一，出于某种需要（如为参加比赛）而改进和提高技术时，为尽快掌握技术要领而有必要调整练习要素（如降低速度、减少负荷时）时。

第二，精神不振或健康欠佳、疲劳积累，而需要调整计划或调节体力时。

第三，连续采用同一锻炼内容，长期在同一地点锻炼，有单调、乏味的感觉时。

采用变换锻炼法，能够提高中枢神经系统的灵活性；发展身体的调节能力和适应能力。同时，对于修订锻炼计划、活跃锻炼气氛也具有一定意义。

采用变换锻炼法应注意：

1. 要以锻炼的实际需要为前提。运用变换法时容易打破原有的锻炼习惯和行为定式，机体对此要有一个适应的过程。要根据长远计划的安排采用变换锻炼法。

2. 要灵活掌握变换锻炼的计划，注意积累有关材料和反馈信息。变换锻炼法由于改变常规的锻炼方式，具有尝试性，因此，必须加强锻炼过程的自我监督，视身体反应，随时加以调整。要对新的锻炼方式及时观察和总结，为制订新的锻炼计划提供依据。

3. 在采用变换锻炼法时，要把注意力集中到所要解决的任务上。

❖ 间歇锻炼法

间歇锻炼法，是指重复锻炼之间有合理的休整，它是提高锻炼效果的一种常用的锻炼方法。间歇锻炼法的间歇时间长短，主要以运动负荷价值为准；连续锻炼法，是在用运动锻炼身体的过程中，为了保持有价值的负荷量而不间断地连续进行运动的方法。间歇锻炼法与连续锻炼法的区别在于两次练习之间有无严格规定的时间间歇。间歇锻炼法由于练习之间休息时间较短，机体尚未完全恢复，后一次练习在前次锻炼的痕迹上进行，故对提高机体运动负荷起到助推作用，使人更经济地达到个人适宜的负荷。使用间歇锻炼法能够有效地提高人体机能能力，故对青少年锻炼者最为适宜。

采用间歇锻炼法时应注意：

1. 正确确定间歇时间。间歇时间的长短，要根据个人身体状况和锻炼水平来决定。锻炼水平较差，承担的生理负荷较大，则间歇时间应长些。反之，则间歇时间应短些。可以用心率数据作为间歇时间长短的标准。在下一次练习前，心率一般为 120 次 / 分左右为宜，因为此时心脏处于良好的功能状态。

2. 要在间歇时安排轻微活动。在间歇期，应该进行积极性休息和放松，如进行慢跑、按摩肌肉和深呼吸运动等，以此促进静脉血流回心脏，保证机体的氧气供给等。

3. 间歇锻炼法对机体承担负荷的能力要求较高，要加强对负荷承担情况的监测，如有不适，可及时调整锻炼方案。

❖ 持续锻炼法

持续锻炼法是指在较长时间内，锻炼者用较小的强度持续不间断地进行身体锻炼的方法。这是体育健身的一种重要方法，特别适合中老年人从事以健身、休闲、娱乐为目的的群众性体育活动。

持续锻炼法的特点是：第一，运动持续时间长，一般至少应持续 20 ～ 30 分钟。第二，运动强度较小，一般控制在最大强度的 50% ～ 60%（心率控制在：110 ～ 135 次 / 分）。第三，锻炼过程中一般无间歇时间，练习密度较大，对身体的持续锻炼效果较大。因此，该练习方法主要用于增强锻炼者的体力，发展一般耐力，提高有氧代谢能力。常用的运动项目有：散步、慢跑、游泳、自行车、舞蹈、健美操、爬山、郊游等。

采用持续锻炼法时应注意：

1. 选择锻炼的项目手段要适合锻炼者的年龄、生理特点和体质

基础。比如，中青年可选择有一定技术难度、强度可大可小的项目：如游泳、舞蹈、健美操等，而老年人则优先考虑慢跑、散步等。

2．初次锻炼者或体弱者，练习的持续时间不宜过长，可以从每次 15 ～ 20 分钟开始经过一段时间后，体力有明显提高，练习者的信心和兴趣也得到增强，这时再延长练习时间，提高到 40 分钟至 1 个小时，待锻炼适应以后，还可以再次增加练习。

3．根据自己在练习中的体力状态和身体反应，及时调整运动强度和练习方式，以防止运动损伤和过度疲劳。如持续慢跑时也可走跑交替，持续游泳时把蛙泳、仰泳、自由游等结合练习。

❖ 组合锻炼法

组合锻炼法又称循环锻炼法，它是根据锻炼需要，将两个以上具有不同性质的练习组合搭配起来，周而复始地依次练习的方法。组合锻炼法既是一种练习方法，又是一种教学组织形式。组合锻炼法的特点是：第一，练习手段多样化，对身体影响全面；第二，练习交替依次进行，符合学生心理特点，能够激发学习兴趣，提高练习量而不至于过于疲劳；第三，练习独立进行，能培养学生独立锻炼能力。组合锻炼法的形式，有流水式和分组轮换式两种。

这种锻炼方法，可以弥补单一项目对身体发展的片面和不足，使各个练习在功能作用上互相补充，达到全面发展身体的效果。此外，由于锻炼内容的多样性，经常变化，故能够使锻炼生动活泼，能激发锻炼者的积极性。

采用组合锻炼法时应注意：

1．要根据身体锻炼的任务，选定练习组合的各项内容，使之相互配合，取长补短。特别是处于生长发育时期的青少年锻炼时，项

目组合要兼顾发展身体不同部位、不同身体素质，使身体得到全面的、协调的发展。

2. 要合理确定各项练习的数量和次序。采用组合锻炼法时，既可将各个练习平均分配，求得均衡发展；也可确定一个中心项目，其他项目围绕于此项做出适当的安排。如以长跑为主项，考虑到上肢锻炼的不足，可辅以引体向上和俯卧撑。此外，在次序上也要合理搭配。

3. 要合理掌握练习间歇。组合锻炼法有两种间歇——练习间歇和组合间歇。练习间歇时间较短，既是上一项练习后的休息和体力恢复，又是为下一项练习做准备，在内容安排上要承上启下，轻缓放松。而组合间歇则可稍长，保证机体得到较充分的休息。

❖ 竞赛和表演法

竞赛和表演法是指锻炼者面对观众，在相互比较、彼此竞争的情况下进行锻炼的方法。与其他锻炼方法相比较，竞赛与表演法对锻炼者提出了更高的要求，有利于挖掘和发挥锻炼者的机能潜力。锻炼者不仅要熟练地掌握技术、技巧，随机应变地运用技、战术，而且要在集体性活动中与同伴配合，共同去争取比赛的胜利或表演的成功。但是，应当记住，身体锻炼中的竞赛与表演法不同于竞技体育中的正式比赛，它的根本目的是增强体质，改善和提高身体机能能力，丰富社会经验，其功利性不如竞技体育那么强烈。尽管如此，应用这种方法，对于激发锻炼热情、巩固经常锻炼成果，培养团结、合作、顽强、果断和自信心、自制力等方面仍具有特殊的价值。

应用竞赛与表演法时应注意以下几点：

1. 控制运动负荷和情绪，防止伤害事故。竞赛和表演，尤其是

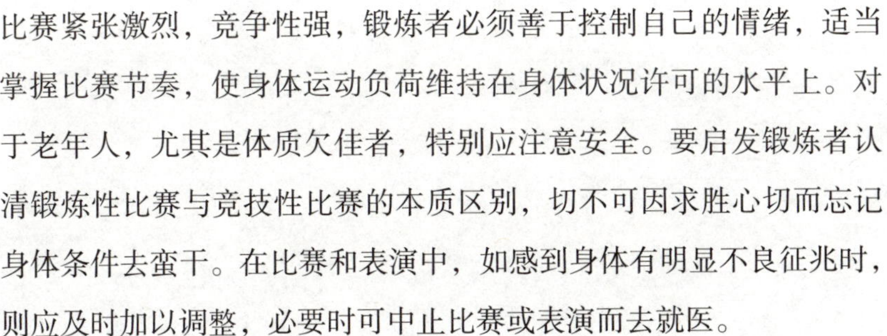

比赛紧张激烈，竞争性强，锻炼者必须善于控制自己的情绪，适当掌握比赛节奏，使身体运动负荷维持在身体状况许可的水平上。对于老年人，尤其是体质欠佳者，特别应注意安全。要启发锻炼者认清锻炼性比赛与竞技性比赛的本质区别，切不可因求胜心切而忘记身体条件去蛮干。在比赛和表演中，如感到身体有明显不良征兆时，则应及时加以调整，必要时可中止比赛或表演而去就医。

2. 灵活采用比赛或表演规则，使之服从于锻炼任务的完成。锻炼者的比赛或表演，主要目的不是为创造优异成绩或打破纪录，它们是作为一种健身方法，主要目的在于强身健体和娱乐交流。因此，既可以采用正式比赛规则，也可根据需要对正式规则进行简化或调整，如在比赛中增加若干富于情趣的内容，或对比赛场地设施做出灵活安排。

3. 要做好比赛的组织工作，做好准备活动和整理活动。特别是承担运动负荷较大的比赛时，准备活动的时间必须充分，使整个机体充分活动开。

4. 认真总结比赛和表演经验。比赛与表演增加了与同项目锻炼者的接触机会，是学习、借鉴、取长补短之良机。应教育锻炼者认真观察、学习，从中获得更多的启迪。如有可能，可借比赛和表演之机，拜师学艺或参加锻炼组织集体活动，这是提高锻炼效果的途径之一。

第五章

体育健身计划保障

适量运动是健康“四大基石”之一。随着人们保健意识的不断增强，健身运动渐成时尚，人们越来越重视体育锻炼。然而，一些人对运动的理解不够全面，认为只要运动就有益于健康，结果忽视了健身计划的制订，从而对运动健身项目的选择及运动时间、运动强度、运动频率的把握不能做到心中有数，致使健身效果不佳，甚至适得其反。

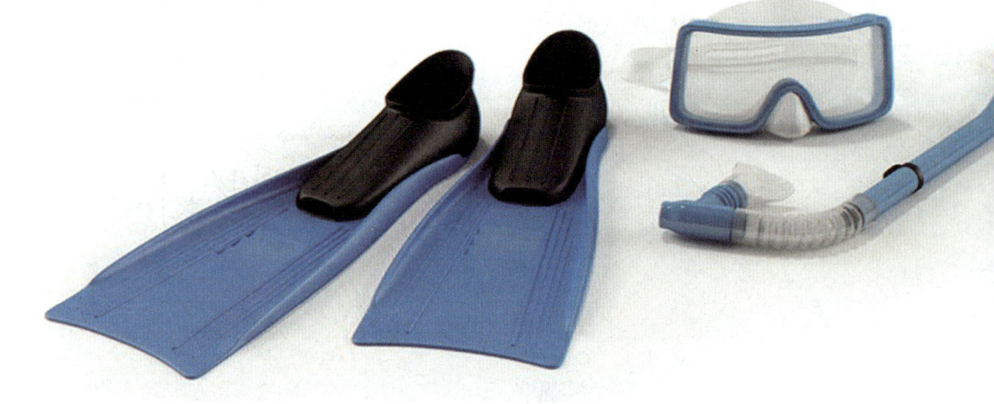

体育健身的计划

❖ 个人的体育健身计划

个人健身计划可帮助自己科学地锻炼。应根据自己的喜好和是否能长期坚持下去来制订一个健身计划。

制订健身计划的原则：

1. 能够做到。无论是长期还是短期目标，以自己的条件能够做到为首要原则，好高骛远只会使自己逐渐丧失信心而最终放弃。

2. 可以衡量。健身计划要有可以衡量的具体指标，不能模棱两可。

3. 有时间性。既然是计划，就要求设计好完成的时间，以便进行下一个健身计划。

想要设计出好的健身计划，还要掌握一定的方法：

1. 选择自己喜欢的运动。喜欢的才容易被接受和坚持下来，才能够做到。

2. 选择自己身体最需要改善的方面，是心肺功能，还是力量或柔韧性锻炼，先选择其中一项开始，这样容易取得成果，坚定自己完成计划的信心。

3. 确定一个自己能够在 1 个月内达到的目标，这样比较容易实现，自己也会有成就感，健身计划也能够坚持下去。

❖ 长期健身锻炼的安排

为了获得理想的健身效果，健身锻炼必须要持之以恒。因此，根据自身条件、健身目的，做出一个长期稳定又切合实际的持续锻炼的科学安排，是锻炼者在体育锻炼前必须要做的准备。在安排持续性体育锻炼时，应考虑锻炼者的健身目的、身体条件、年龄和季节、周期和阶段等多方面的因素。

1. 根据健身目的科学安排体育锻炼

个体进行体育锻炼往往有着较明显的健身目的，这是科学安排长期体育锻炼的重要依据。就总体而言，人们参加健身活动，既有着高远的目的，也有着直接的目的。从前者而言，它以满足长期的生物、心理、社会需要为前提条件，而直接的目的，则既是具体健身活动的动因，又决定着体育锻炼的安排方式。如果是为着一般性增强体质，提高和保持健康水平，那么，安排体育锻炼的内容就比较灵活一些，如跑步、打球、练习太极拳等，时间亦可长可短。如果是为了提高肌肉力量，发展肌肉块，就应以力量和体型锻炼的手段方法为主，并注意与其他机能锻炼配合进行。增加肌肉力量也要有较明确、科学的目标。制定目标时要留有余地，指标不可定得过高，如果目标定得过高，势必导致单方面的强化锻炼，对身体全面锻炼不利。因为肌肉体积增长过快，不仅对肌肉本身不利，也会破坏机体的协调发展。以减肥为主要目标而进行的体育锻炼，应该以有氧运动为主，运动的时间相对较长，使体内多余的脂肪充分消耗。女性为保持优美的体型所进行的体育锻炼，应该多安排健美操、舞蹈等运动。

2. 根据季节特点科学安排体育锻炼

不同季节的气候条件对安排体育锻炼也有影响，锻炼者应考虑季节气候的变化合理安排，并在季节交替时注意体育锻炼内容的更替与衔接。

（1）春季锻炼

俗话说："一年之计在于春。"春季是体育锻炼的重要时节，春季时节科学地从事体育锻炼，可为一年的体育锻炼和身体健康打下良好的基础。经过寒冷的季节，身体各器官的功能包括运动器官的功能都处于较低的水平，肌肉、韧带也较为僵硬。所以，春季体育锻炼的任务，主要是为了加强体内的新陈代谢，逐渐提高各器官的机能水平。体育锻炼的内容应以有氧运动为主，运动强度要逐渐增加，运动形式多为长跑、骑自行车、跳绳、爬山、郊游、球类等。在春季进行体育锻炼时，要做好准备活动，充分伸展僵硬的韧带、肌肉，以减少运动损伤。要注意及时脱穿衣服，防止感冒。同时，要早睡早起，坚持多参加户外运动，选择地点时要注意避开风沙、晨雾。

（2）夏季锻炼

夏季天气炎热，给体育锻炼带来很大的不便，但如果夏季停止体育活动又破坏了体育锻炼的连续性。另一方面，夏季体育锻炼又能有效地提高机体体温调节的能力。所以，夏季既要坚持体育锻炼，又要掌握好锻炼的内容和时间。夏季最理想的运动是游泳，这项运动不仅可以提高身体机能，同时又可防暑解热。但并不是所有的人都有条件或适合进行游泳运动的。夏季可选择的体育锻炼项目还有慢跑、散步、打太极拳、打羽毛球等。夏季进行体育锻炼时，最好安排在清晨或傍晚进行，运动量和强度均要小些。运动后要注意水的补充，以防身体脱水和中暑。但运动后不宜大量饮水或喝大量冰冻饮料，可适当喝一些盐开水。锻炼场地最好选择通风庇荫处，必要时可戴上遮阳帽。

（3）秋季锻炼

秋高气爽，是体育锻炼的大好季节。体育运动中许多重大的国际比赛都安排在秋季进行，说明秋季适合体育活动的开展。秋季可开展球类运动、长跑、武术、骑自行车等多种多样的运动。一些冬季锻炼项目，如冬泳、冷水浴等，也应该从夏末开始准备，以便使身体有一个适应过程。秋季进行体育锻炼时，由于昼夜温差大，早晚气温较低，锻炼时要注意及时增减衣服。此外，秋天的天气干燥，锻炼前后要多补充水分，以保持黏膜的正常分泌和呼吸道的湿润。

（4）冬季锻炼

冬季参加体育锻炼，不仅可以提高身体的一般健康水平，更重要的是可以提高身体的御寒能力，预防各种疾病的发生。所谓“冬练三九”，就是这个意思。冬季体育锻炼的内容非常丰富，一般人可进行长跑、踢球、拔河等，少年儿童可选择跳绳、踢毽子、跳橡皮筋等；老年人可选择慢跑、打太极拳、做广播操等。北方可练习滑雪、滑冰，南方可进行越野跑、爬山等。冬季锻炼时由于身体生理惰性较大，肌肉组织容易受伤，因此，要做好准备活动，运动最好采用口鼻呼吸的方式。吸气时，口不要开得太大，防止冷空气直接刺激口腔黏膜。在运动负荷安排上，负荷量可稍大，强度要小，以有氧运动为主要方式。

❖ 健身锻炼课（活动）的安排

事实上体育锻炼应以每天为单元进行。在一般情况下，可每天或隔天进行一次体育活动。每次体育锻炼课（活动）安排得是否科学，将直接影响到体育锻炼的效果。由此涉及：选择锻炼时间、确定锻炼项目内容、确定锻炼强度与时间、安排好准备活动与整理活动等。

1. 选择锻炼时间

一天中什么时间锻炼最为适当，这个问题过去很少涉及，在健身科学急剧发展的今天，它已经成为影响锻炼效果的一个问题。

有研究认为，大强度运动可在饭后两小时进行，中度运动可在一小时后进行，轻度运动可在半小时后进行。据此可推导出几个运动的时间段：

早晨时间段：晨起—早餐前；

上午时间段：早餐后两小时—午餐前；

下午时间段：午餐后两小时—晚餐前；

晚间时间段：晚餐后两小时—睡觉前。

日本的一项研究在对照了早和晚两组慢跑参加者的血液状况后

发现，清晨机体的血液黏滞度增高 6%，而傍晚血小板的数量降低 20%。结论是早晨跑步会增加血管栓塞的可能性。美国的一项研究结果也表明晨练对心脏病患者和隐性心脏病患者会导致“发作高峰”。

现代运动生理学的研究表明，人体体力的最高点和最低点受机体“生物钟”的控制，一般都在傍晚达到最高峰。比如，最大摄氧量的顶点在下午 6 时，心脏跳动和血压的调节以下午 5—6 时最为平衡，而机体嗅觉、触觉、视觉等也在下午 5—7 时最为敏感，因此，傍晚锻炼的效果较高。

另外，人体在下午 4—7 时体内激素调整和酶的活性也处于良好状态，机体适应能力和神经的敏感性也最好，所以，专家们提倡傍

晚锻炼。但在晚间时间段内，如进行高强度运动时，也会使交感神经兴奋，妨碍入睡等。由此看来，选择哪个时间段进行何种运动方式，要根据每个人的具体情况及生活习惯进行合理安排。

（1）清晨锻炼

在清晨进行体育锻炼是多数人的锻炼习惯。首先，由于清晨的空气新鲜，早锻炼有助于体内的二氧化碳排出，吸入更多的氧气，有利于体内的新陈代谢；其次，清晨起床后大脑皮层处于抑制状态，凉爽的空气刺激呼吸道黏膜可增强机体的抵抗力。

由于清晨锻炼多在空腹情况下进行，所以运动量不能太大，时间也不宜太长。否则，长时间的运动会造成低血糖，不仅会影响锻炼的效果，而且会使身体产生不适。另外，对于工作学习紧张和习惯于晚起的人来说，没有必要每天强迫自己进行早锻炼。

（2）下午锻炼

从生理角度来说，下午往往处于机能能力的高峰时期，又是许多疾病的“安全期”，是比较理想的锻炼时间。它主要适合于有一定空余时间的人进行体育锻炼，特别适合于大、中、小学的师生。经过一天紧张的工作后，下午进行一定强度的体育锻炼，不仅可以增强体质，而且可使身心得到调整。下午进行体育锻炼时，运动强度可大一些，青年学生可以打球类，组织比赛，老年人可打球、跑步。医学研究表明，心血管的发病率和心肌劳损的发生率均在上午6—12时最高。由此看来，心血管病人的适宜锻炼时间，以安排在下午最为安全。

（3）傍晚锻炼

傍晚进行适当的体育锻炼，既可以健身强体，又可以帮助机体消化吸收。傍晚运动的主要形式为散步，北方一些地区的民众有时也在傍晚进行集体扭秧歌活动。但晚饭后 1 小时方可进行体育活动，时间一般不要超过 1 小时，运动强度也不可过大，心率应大约控制在 120 次 / 分钟。傍晚锻炼和睡觉的间隔时间要在 1 小时以上，否则会影响夜间的休息。

2．确定活动内容

根据个人兴趣，选择适合的活动项目内容，是保证活动经常有效的必要条件。确定活动内容时要考虑以下两个方面，其一是自身条件，如年龄、性别、身体能力和健康状况等。青少年活泼好动，可以选择强度较大、带有游戏性质的活动项目，如打篮球、踢足球、爬山、游泳、健美操等；中老年身体机能较差，应选择活动量相对较小、不容易出现运动损伤的活动项目，如散步、慢跑、气功、太极拳等。为预防和治疗某些疾病而进行的康复性体育活动，则应根据锻炼者

的身体状况选择锻炼项目。其二是要考虑锻炼的环境条件，如充分利用庭院、公园、山水、体育场地选择适合自己的活动项目。锻炼者还应根据不同的季节、气候条件确定体育锻炼项目，如冬季可以进行长跑、足球、滑冰等活动，夏季可进行游泳、篮球、排球等活动。总之，活动项目可多样化，以期对身体产生全面的影响。

3．确定运动强度和时间

为增强体质而进行的体育锻炼主要是为了提高人的健康和体质水平，所以体育锻炼的运动强度不宜过大，特别是中老年人和体育康复者更应如此。为加大锻炼效果，可用延长练习时间的办法增加运动总负荷。要在对自身状况分析研究的基础上，确定出运动适宜的心率值，以此作为锻炼运动强度，运动时尽可能多地稳定在这一水平上。

也应当看到，并不是运动一开始就能达到预定的运动强度，根据人体生理活动能力变化的规律，在运动开始后的一段时间内，运动强度要有一个逐步提高的过程。这是由于内脏器官的生理惰性要比运动器官的惰性大，从而造成内脏器官与运动器官的不协调所致。接着，内脏器官的生理惰性逐渐被克服，机能能力得到充分发挥，并与运动器官的活动相一致；运动强度就可保持在预先确定的水平上，并能维持一段时间。体育锻炼中确定运动强度最简单的办法是规定体育锻炼时的脉搏数（以次／分为单位来表示）。尽管不同年龄和机能状况的人在体育锻炼时的最佳脉搏有所不同（这是确定运动处方时要考虑的），但对一般体育锻炼者来说，体育锻炼时的脉搏可控制在 140 次／分以内。经过一段时间的锻炼，由于能量物质的消耗和代谢产物未及时排出体外，机体工作能力逐渐降低，运动强度亦应逐渐降低，最终恢复到安静状态。

锻炼时间的安排应与运动强度成反比。由于体育锻炼时的运动强度相对较小，而运动的持续时间则应相对较长，至少应在半小时以上。

值得注意的是,在运动中也安排一次或几次“冲击式”运动强度，这时运动强度可比预定强度高出 10% 左右。尽管此时机体会感到有一定的疲劳，但它对打破“习惯性负荷”，超过原有的负荷界限有利，归根到底对提高机体能力有利。但在冲击式强度后要立即降低强度，使机体有一个缓冲调整的时间。

4. 安排好准备活动和整理活动

准备活动在体育运动中起到非常重要的作用。准备活动的目的是为了使人体尽快地由相对安静状态逐渐过渡到紧张的运动状态，做好生理上和心理上的准备。充分活动开各关节，避免受伤，动作幅度由小至大，为正式训练做好充分准备。整理活动的过程与准备

活动相反，它是消除疲劳、促使体力恢复的一种良好措施，它使人体由紧张的运动状态更好地过渡到相对安静状态。其活动的强度逐渐下降，生理机能的水平逐渐平稳和降低。整理活动使心肺活动逐渐恢复到接近原有的安静状态，如心跳减慢、减弱，肌肉血管收缩，内脏器官舒张，毛细血管收缩，呼吸减慢，氧债逐渐被偿还，以及排出过多的碳酸等，均有助于减轻心脏负荷和运动能力的恢复和提高。加速消除血乳酸，对运动训练和体育锻炼的积极意义是显著的。做准备活动与整理活动有很多积极作用，所以我们在体育锻炼时一定要重视准备和整理活动。

整理活动内容大致有四类：一是 1 ～ 2 分钟的缓步慢跑或步行；二是下肢柔软体操和全身的伸展体操；三是下肢肌肉群的按摩或自我抖动肌肉的放松动作;四是呼吸练习和放松气功。整理活动的顺序，根据美国学者福斯克所确定的原则，其安排顺序要与准备活动完全相反。这样，整理活动可先慢跑或步行，然后再做专门性的放松练习或呼吸练习。

❖ 个人体育健身活动计划的制订

进行身体锻炼时必须制订切实可行的锻炼计划，这样才能保证锻炼的系统性和科学性，克服锻炼的片面性、盲目性和随意性。同时，也便于检查锻炼效果，总结经验，改变方法，提高健身效果。个人健身计划是指根据个人身体情况，实施科学的、系统的锻炼方案的理论规划。

1. 个人健身计划制订的原则

体育锻炼的基本原则（自觉积极性原则、从实际出发原则、持之以恒原则、循序渐进原则、全面锻炼原则）是健身计划制订时应

遵循的一般性原则，适用于每个锻炼者。但个人健身计划具有明显的个性化特点，在实践中可以根据个性化的要求，在一般性原则的基础上确定个性化原则。

2. 制订个人健身计划的方法

健身计划制订方法包括健康诊断、体力测定、锻炼设计、锻炼实践、效果检验和计划调查等。

首先，健康诊断和体力测定是制订健身计划的基础依据。在了解个人的一般身体状况有无运动禁忌症后，才能确定锻炼的内容与锻炼的具体方法。如经过健康检查发现身体患有某种疾病，应首先进行积极治疗，再进行锻炼。体力测定是确定运动强度和锻炼效果的依据，一般可采用库伯的 12 分钟定时跑等进行测定。

其次，锻炼设计和健身计划的内容包括确定健身目标、选择运动项目、确定运动强度和运动量、确定运动时间和频率等。

（1）确定目标

确定目标时，首先应从自身的体质和健康状况出发，因人而异，使锻炼的具体任务和指标切合自身实际。

（2）选择运动项目与锻炼内容

制订健身计划时，应根据自己的兴趣爱好、运动特长、专业特点，以及学校体育环境、季节气候条件等合理选择运动项目和锻炼内容。注意体育课和课外体育锻炼内容相结合，锻炼兴趣和实际需要相结合，既要使个人兴趣或擅长的体育项目获得发展和提高，又要努力克服自己的弱项和不足，使健身具有全面性和实效性。

（3）确定运动强度

运动强度确定是否合理，直接影响锻炼的效果和运动的安全性。一般来说，运动强度应以运动中的心率为量化标准。

（4）确定运动时间

在锻炼时间的安排上，应按学校的作息制度确定自己锻炼的时间。每次运动的时间一般在 15 ～ 60 分钟，时间短，运动强度应大，时间长，运动强度应小，可根据个人情况而定。

（5）确定频率

每周锻炼次数一般应在 3 次以上，这样才能收到明显的锻炼效果。每天坚持锻炼效果最佳，但力量性锻炼隔天 1 次效果较好。

最后，锻炼计划的实施与检验。实施个人健身计划，必须遵循体育锻炼的一般性原则，一方面应严格按照健身计划进行锻炼，另一方面应根据锻炼的实际情况进行调整，这样才能取得良好的健身效果。执行健身计划时，应定期进行锻炼效果的检验，不断调整锻炼计划，以提高锻炼的效果。

医务监督

作为运动医学的重要组成部分，体育健身的医务监督应是完备的。它是运用运动保健方法和手段，对参加体育活动的人进行帮助和指导，以保证锻炼者身体正常发育，增进健康，防止运动伤害，提高体育健身的效果。

体育健身医务监督的内容十分广泛，主要包括运动锻炼的保障措施、运动锻炼中生理原则的运用，运动卫生和自我监督等。

❖ 运动锻炼的着装

运动损伤是我们不得不注意的一个问题，为了防止运动损伤，穿着合适的运动服装和运动鞋是必要的。运动服装和运动鞋应符合运动项目的要求。运动锻炼时最好穿运动服和运动鞋，这样既舒适轻便，有利于做各种动作，又能增加美感。

运动服要选择宽松、柔软、弹性好的运动衣，还要注意色彩明快，吸水性能好。夏季应选择浅白色、轻而薄、宽大而透气的衣服，以便散发热量，预防中暑。当阳光直射时，可戴遮阳帽，并注意尽量减少皮肤暴露在阳光下。冬天天气寒冷，要穿深色的、柔软且能保温的服装，但不要穿得太多，以利于运动和保温。运动服装一定要合身，过宽过紧都不便于运动，甚至会损伤皮肤。每次运动后背心、短裤等都应洗干净。运动后汗湿了的衣袜应及时换掉，并把身体擦干，及时增添衣服，以免感冒。

从事下肢运动的人，运动鞋的选择非常重要。要选择透气性能好、鞋面舒适贴脚和鞋底有弹性的运动鞋。太小太窄的鞋容易使足部擦伤、起泡。鞋还要轻，结实耐用，鞋底落地时稳定性好。有脚气、脚癣的人，还应注意锻炼时穿棉线袜，鞋垫要保持干燥，经常翻晒。

❖ 运动的安全措施

1. 运动前的安全措施

在运动前，人体各器官系统的机能都会发生一系列的生理变化，与此相适应，在心理上也会有些改变。这种变化和改变与个人的情绪、精神状态、身体状况和运动经验等因素有密切关系。愈是到运动开始，这种改变愈为明显，这就是运动前状态。运动经验证明，运动前状态对人体健身运动及其效果并不都产生正面的影响。神经系统的兴奋性过高或过低，都对运动效果不利。譬如，当兴奋性过高时，常表现出过度紧张，如急躁、食欲不振、失眠、全身无力等症状；如若兴奋性过低，则情绪低落，表情淡漠，也会使人体的运动兴趣和能力下降。导致这些症状发生的一个重要原因是心理因素，从而影响到运动前大脑皮层的兴奋状态。因此，要采取一些必要的安全对策加以调节。这里应注意以下几点：

（1）把握前几日和当日的身体状况

如在一段时间内出现睡眠不足，有过度疲劳感，受到较强的精神刺激，感冒、痢疾或其他身体不适，使用某些药物（如镇静剂、降压药、心脏病类药等）时，则在当天的运动中停止激烈运动或强度过大的运动，改换轻度运动或中止运动。

（2）要注意环境变化对健身锻炼的影响

比如，在过热或过冷的环境条件下运动，对锻炼人的意志、培养锻炼习惯和适应能力有着积极的影响。但对体弱者来说，就存在着一定的危险性。因此，夏天需选择阴凉的地方锻炼，冬天应选择在暖和的时间里运动。

（3）把锻炼时间相对固定化，对提高锻炼安全也有好处

一般而言，在熟悉的环境里锻炼，身体由于适应了某种特定的生物节奏和人际氛围，运动起来也会驾轻就熟。

2. 运动中的安全措施

健身运动的目的是维持健康，要尽量避免过量运动的现象，同时要注意运动的各种自我感觉，加强运动中的自我监督，对运动中的身体异常及时、有针对性地加以排除。

（1）呼吸困难

有的人在运动开始 1 ～ 2 分钟以后，就感到呼吸困难，产生不愿坚持下去的感觉。产生这种状况的主要原因是由于内脏器官系统的惰性，内脏器官的机能还未达到充分的水平来满足机体运动的需要。要从根本上克服这种症状，必须从轻微运动开始，再逐步过渡到强度稍大的运动，即要严格遵循运动负荷由小到大的原则。如果在运动时出现这一症状，可暂时停止练习，用散步代替，待 3 ～ 5 分钟以后症状消失再从小强度运动开始。如果重新运动后仍感呼吸困难，则可能是由于运动强度过大，机体不太适应，应降低运动强度。

（2）腹痛

在跑步中常发生腹痛现象。发生腹痛的原因很多，但多半是由于运动者胃肠痉挛或肝脾淤血所致。胃肠痉挛多由肠内储积废气所产生。另外，进食过饱或过多饮用碳酸性饮料，以及进食、进水、吞咽唾液时将冷空气带入食管，也会造成胃肠痉挛。机体进入工作状态后，循环器官的功能尚未适应，回心血量增多而心搏量相对较少，也会造成静脉血在肝脾内一时性的淤滞而导致肝脾胀痛。

在腹痛发生时，只要中止运动或减慢运动速度，即可缓解和自然消除疼痛症状。容易发生腹痛者，在日常生活中要注意调节饮食结构，尽量食用容易消化的营养食品，并养成每日早晨大便的习惯。在运动前、运动中要控制碳酸性饮料的摄入量。在跑步中要掌握正确的呼吸方法，尽量用鼻呼吸而不用口呼吸。还要根据运动量的大小来调整呼吸的节律和深度，避免腹痛的发生。

（3）胸闷与胸痛

运动中常伴有胸前区发闷、发胀、发痛等症状发生。这是因为心脏缺血所引起的心疼痛或冷空气刺激支气管而引起的气管痛症状。许多心前区疼痛者有冠状动脉硬化症。此外，心脏肥大者或贫血者也容易并发此症。一旦发生心前区疼痛症状，应做临床的细致检查，然后再根据结果进行必要的处置。

运动时所产生的心前区疼痛症状，除特别严重者，一般情况下，只要不引起其他临床症状，是可以适当运动的，而且还有锻炼和治疗效果。若是支气管疼痛症状，则可通过适当间歇使其自然消失。要注意调整呼吸方法，寒冷季节可加戴口罩运动，以防止寒冷空气对呼吸道的刺激。

（4）下肢等部位的疼痛

运动所引起的下肢疼痛有各种各样的症状，其处置也不相同。

长期不运动者初次参加运动时，次日晨起可感到小腿（小腿三头肌）和大腿（股四头肌）部位的大部分肌肉疼。这是由于激烈运动导致乳酸积累，从而引起肌肉细胞膨大或渗出性无菌性炎症所引起的疼痛，对此不必担心，一到两天后可自然消失。在疼痛不严重时，仍可坚持运动，但运动量要小，或改换肢体其他部位运动。如疼痛较重，也可休息一到两日后再运动。

从开始跑步到坚持 2 周后，逐渐会出现足、膝关节疼痛。这是由于反复施加过大的运动量给骨和韧带关节增加了负荷而引起的。这种疼痛比较顽固，应中止锻炼数日，待疼痛消失后再开始运动。再度运动后，运动强度也要适当控制。

疼痛的产生有时与环境因素有关，如跑道太硬、运动鞋没有缓冲垫等。这就需要改善运动场地与用品，当运动时足、膝关节反复疼痛时，疑有关节组织发生病变，应到医院检查，查明原因，以便及时治疗。

在运动中突发的下肢疼痛，可能是肌肉扭伤、断裂、肌腱撕裂甚至骨折所引起的，此时应尽快接受医生的诊断，及时处置，以免发生后遗症。

（5）运动性中暑

中暑是因高温环境或受到烈日的暴晒而引起的疾病。由于造成中暑的条件不同，及由此引起的机理病理变化不一样，中暑可分为中暑衰竭、中暑痉挛、日射病和中暑高热等类型。

在高温环境中长时间进行运动时，体温异常上升，使汗液难以蒸发，则引起运动性中暑。尽管典型中暑症状包括无汗，但运动性中暑的最初症状则是大量出汗、脱水。

在强烈日光（紫外线）过分照射时所引起的中暑称为日射病。日射病的症状是：患者感到剧烈的头痛、头晕、眼花、耳鸣、烦躁不安等，严重时甚至昏迷、惊厥。对日射病的处置原则上应以降温为主，一般用冰袋或冷水湿敷治疗。当体温高达39℃以上时，可将冰袋放置在患者头部前额及枕部、胸部、腋区、大腿内侧等部位，用物理疗法进行降温。中度发热时（38℃），可用冷毛巾擦浴全身，微热时（37℃），可将身体置于阴凉的场所进行自然降温。

运动引起的中暑性昏厥发生后，如果及时采取降温措施即可很快恢复，但对身体有一定损害，故以预防为上。应该避免在烈日高温环境下进行长时间的剧烈活动。年老体弱者和有中暑史的人尤其应避免这种运动。当气温超过28℃时，长距离持续运动应该中止。气温接近28℃的情况下，可将运动安排在早上、午前或下午4点以后的时间段进行，以避免正午的高热。

3．运动后的安全措施

（1）水浴和洗澡

在运动后进行水浴，可使人心情爽快，促进疲劳的消除和恢复精力。特别是在大汗以后，淋浴更是不可缺少。洗澡还可清洁皮肤，促进血液循环，加强新陈代谢，加速体内废物的排泄。洗澡还可使肌肉放松，张力下降，消除精神紧张。

何时进行洗澡、水温多高才对机体有利呢？研究表明，合理的入浴时间是在运动后心率恢复稳定、出汗停止以后。水温以微热为好，特别是老年人和血压高的人更应注意水温。池浴时也应该注意洗浴的水温和时间，即使是健康人，泡在热水里的时间一次也不要超过5分钟。池浴比淋浴的效果好，因为能使身心更为放松舒适，但要注意浴池卫生。如果无此条件，可在家里简单擦一擦，但要注意保暖，防止感冒。

水浴有几种温度类型：热水浴42～45℃；温水浴36～39℃；低温浴20～35℃，冷水浴20℃以下。适合降低疲劳的水温在40℃左右，介于热、温水浴之间，时间以10～20分钟为宜。涡流浴能起到按摩作用，更能达到消除疲劳的效果。洗桑拿浴使血液循环系统的负担增大，在剧烈运动后最好不要采用。

（2）睡眠

睡眠是消除疲劳、恢复工作能力的最有益的手段。睡眠不足，会加重疲劳的积累，推迟身体的恢复时间。无规律地增加睡眠时间也不可取。因此，每个从事健身运动的人都要注意提高睡眠质量。其中重要的是养成按时睡眠、按时起床的良好习惯，并保证每天有7～8小时的睡眠时间。如果条件允许，可养成午休的习惯。

（3）饮食营养

每个健身运动者都应学会科学的饮食方法。营养不良或营养过剩，均不利于健康，特别是从事运动者更应适当均衡控制饮食营养。

❖ 防止中止运动

在实际生活中，常有这种情况，一些人做了一系列的准备工作，结果刚刚开始参加运动不久，就由于某种原因而草率地中止了运动。据调查，100人当中在一个月内就有40%的人因各种原因中止了运动，能坚持一年之久的运动者只占10%～20%。许多人在学校里尚能坚持运动，但一出校门走向工作岗位即中止运动，这是造成我国目前中年体育人口少的重要因素。

引起中止运动的原因是多方面的。如因工作和家庭的变迁挤占了运动时间；运动场所或器材不理想；缺乏理想的伙伴或指导者；因健康、伤病等个人原因；等等。

为防止这种半途而废的情况，可以采取如下措施：

1. 增加对运动的兴趣

体育运动的魅力就在于运动中的乐趣和运动后的快感。体育运动是一种具有很强娱乐性的运动形式，也是一种带有自我欣赏性质的文化遗产。因此，增进健康而进行的运动，应该选择趣味性强的项目，使运动者尽情体验运动的乐趣。有些对健康有利但形式较为枯燥的运动项目，如跑步，由于人们有着明确的目的，也会使锻炼者兴趣盎然。

2. 结交运动伙伴

志同道合的运动伙伴，对保持运动持久性有极大的帮助。人总是有些惰性的，若没有坚强的意志和动力源，独立坚持不懈地运动的确很难。若有比较知心的朋友、同事、邻居一同参加，相互陪伴、指点、鼓励，既可增强彼此的自信心，又可消除孤独感和单调感，

对坚持参加运动有一定的作用。特别是跑步运动时，更应多结伴友，增加大家的集体归属感，运动才能坚持下去。

3. 参加群体性锻炼小组

在公园、体育场、学校操场或健身中心，现已组织起各式各样的体育锻炼群体，在这些群体中通常有一些社会体育指导员和积极分子在组织每日的体育活动。由于活动场地有保证，活动内容较为一致，参加对象在年龄、职业、地域特点等方面大体近似，故能长期坚持。因此，找寻适合自身特点的锻炼者群体，营造宽松和谐的锻炼氛围，使人们之间互相提醒、互相关心，对于坚持运动也是十分必要的。

4. 制订锻炼计划并付诸实施

在实际生活中，往往由于生病、受伤、家庭意外事件等原因而中断健身锻炼。这时，就要根据中断运动的原因，重新制订一个恢复性的体育锻炼计划并付诸实施。

因身体疾病、受伤等原因，恢复锻炼时活动量要相对小一些，恢复时间可长一些。如果因非身体原因而中断健身锻炼，则活动量可大一些，适应性的时间也短一些。在过渡性锻炼过程中，主要进行小强度的锻炼方式，运动形式可安排散步、慢跑、打太极拳、打网球等，运动时心率以每分钟 120 次为宜，一般不超过 140 次 / 分钟。

年轻人由于身体机能较好，代谢旺盛，过渡性锻炼的时间可短一些，一般有一周左右的时间就足够了。对中老年人来说，同样原因中断健身锻炼，其过渡时间要比年轻人长一些。

❖ 意外事故的处理和急救

在身体锻炼的过程中，由于个体身体状况的差异和锻炼水平的

不一，较为容易发生运动损伤和意外。下面将列举一些常见的运动损伤及处理方法：

1. 擦伤

即皮肤的表皮擦伤。如擦伤部位较浅，可用生理盐水、蒸馏水或矿泉水洗净伤口，外表涂抹红药水，不必包扎，暴露伤口使之干燥，几天后就可愈合；如擦伤创面较脏，可用双氧水冲洗，或有渗血时，应用生理盐水清创后再止血包扎。

2. 扭伤、拉伤

包括髁关节扭伤、肌肉拉伤、韧带拉伤等症状，局部出血、肿胀、疼痛、炎症反应、机能障碍。针对上述情况，应该先止血、减轻肿胀、止痛、制动。扭伤时立即予以冰敷，即可减轻疼痛程度及消肿。用弹性绷带、布条、运动护具等加压包扎，制动、抬高患肢，止痛。24小时后受伤局部没有肿胀的继续趋势，可以按摩、热疗或理疗，改善局部循环，促进炎症消退。后期可以用中药敷伤处，通过主动、被动运动恢复功能，戴上保护关节的弹性套（护膝、护踝、护腕），在不痛的范围内开始轻微运动，进行复健。

3. 肌肉痉挛

肌肉痉挛俗称抽筋，是肌肉不自主地强直收缩。运动中小腿腓肠肌及足底的屈拇肌、屈趾肌最容易发生痉挛现象。当身体疲劳，大量排汗，使身体盐分流失过多，破坏了水盐平衡，又受到寒冷的刺激时，比较容易发生痉挛。肌肉痉挛时，要“反其道而行之”，要平卧，注意保暖，并用力牵引抽筋的肌肉，使之伸长和放松。如小腿肚抽筋或脚趾向下抽筋时，可将膝关节伸直，用力将脚掌脚趾向上扳，即可缓解。还可用手指掐按小腿肚中央，并用手掌自上而下地推、揉、拍打小腿肚，帮助缓解；手指抽筋时，将手握成拳头，然后用力张开，张开后，再迅速握拳，如此反复数次，至解脱为止。

手臂抽筋时则将手握成拳头并尽量曲肘，然后再用力伸开，如此反复数次。

4. 脱臼

处理要动作轻巧，不可乱伸乱扭。不可现场复位或拖拽肢体。立刻用夹板及绷带固定，保持关节固定不动，再请医生矫治。（单肩燕尾包扎）

5. 骨折

骨折一般表现为疼痛、肿胀、畸形、功能障碍。应避免剧烈运动中的碰撞。发生骨折后应立即停止活动，固定包扎。用绷带和夹板对伤肢做固定，可用书本或报纸杂志制成。大腿和脊柱骨折必须用硬木板固定，平卧抬走，不要用背负、搀扶方式。

6. 流鼻血

出血的类型与止血方法：头部稍前倾，用手捏住鼻翼进行按压，用嘴呼吸。一般压迫 3 ～ 5 分钟，就会止血。

自我检测

运动健身的自我检测，指的是人们在参加健身运动的过程中，或者运动结束后对自己的身体健康和功能状况进行观察和检测。这种自我检测是一种非常重要的检测健身运动是否科学的方法，可以给健身运动提供依据，如果出现不适的情况，可以及时地调整健身计划，以免对身体产生不良的影响。

自我检测的内容主要包括主观感觉和客观检查两个方面。

❖ 主观感觉

1. 总体感觉

总体感觉是对一般功能状况的反应，尤其是可以体现中枢神经

系统是否有不良的反应。如果锻炼者感觉精神愉快、精力充沛，说明健身计划比较合理，运动量和强度比较适中；如果感到精神不振，情绪不稳，说明健身运动存在不合理之处，需要加以改进。

2. 运动心情

运动心情的好坏在一定程度上反映了运动是否科学、是否符合人体的实际情况。如果感到心情愉快，并且愿意参加健身运动，说明健身运动计划没有大的问题；如果对健身运动根本提不起兴趣，甚至出现厌烦、恐惧等心理，说明健身计划中存在问题，需要找到根源加以调整。

3. 不良感觉

人们在运动以后，出现肌肉酸痛、四肢之力的情况是止常的生理反应，在经过一段时间的休息以后，这些症状会自动消失。随着身体素质的不断提高，感到不适的程度会有所缓解，恢复的时间也越来越短。如果在运动过后，出现恶心、呕吐、头晕、胸闷、气短等情况，而且经过休息症状没有得到有效的缓解，则说明运动计划有缺陷。

4. 睡眠状况

参加运动以后，身体会感到疲乏，所以睡眠状况应该良好，入睡容易，睡眠深浅适度，少梦，一觉醒来以后感到精力充沛，心情愉快。如果运动过后的睡眠状况不佳，则是健身计划不合理所致。

5. 食欲情况

锻炼者在运动的过程中消耗的能量比较多，所以在运动后的正常用餐时感到食欲良好是正常的；如果出现食欲不振、食欲减退等情况，大多是运动强度和运动量过大造成的。

6. 排汗量

引起人体排汗量发生变化的原因很多，如气温、饮水量、空气湿度、运动等。在其他因素相对稳定的情况下，人们在运动时的排汗量会有所增加，随着身体对运动量的适应和身体素质的提高，人们在同样的运动条件下，排汗量会相对减少。但是如果在同样的条件下，排汗量反而显著增加，甚至出现夜间盗汗的情况，一般是运动量和运动强度过大造成的。

❖ 客观检查

1．脉搏

在经过一段时间的健身活动以后，每分钟脉搏跳的次数会减少，这是锻炼者身体素质提高、各个组织器官功能加强的表现之一，人们应该密切关注自己的脉搏变化情况。最好的测量方法是每天早上卧床测量，如果脉搏速度加快，可能与运动过度有关。

2．体重

由于运动消耗了身体的能量和脂肪，所以出现体重下降的情况是正常的。但是经过 1 个月左右的锻炼以后，人体的体重应保持在一定的水平上，甚至由于肌肉得到锻炼而导致体重有所增加都是正常的。需提醒注意的是，每次测量体重最好在同样的条件下进行，否则可能出现误差。

3．健身成果

锻炼者在经过一段时间的健身运动以后，身体素质会得到提高，具体可以表现为跑的速度快了，肌肉力量更大，跳得更高了，这些都是健身运动的成果。如果运动没有任何成果，则说明健身计划可能存在一定的问题。

第六章

营养与饮食

人和生物一样，都离不开食物营养。人类所面临的一切问题之中，没有什么比饮食更为重要、更令人关注的事。而营养是有机体从事一切活动的物质基础，是促进生长发育、保证身体健康的重要因素。营养与饮食二者密不可分，对于人们身体的健康都是十分重要的。

营养与营养素的介绍

❖ 营养

营养是指机体从外界摄取各种食物，经过人体的消化、吸收和利用，以促进机体生长发育，维持各种生理功能这一连续动态的过程。由此可见，营养与人们的健康紧密相关，它所代表的这一过程，将伴随每个人的一生。维持正常的生命活动离不开对食物的摄取。合理的营养意味着机体能够摄入保持身体健康所必需的所有营养成分，能促进生长发育、增强体能、增加免疫功能、预防疾病、提高工作能力和运动能力。营养缺乏或过剩，都将影响人体的生长发育，降低免疫功能，也易患各种疾病。

营养与体育运动的关系十分密切。营养和体育运动二者都是维持和促进人体健康的重要因素。营养是构成机体组织的物质基础，体育运动是增强人体机能的有效手段，二者的科学配合，可以有效地促进身体发育，改善健康状况和提高体质水平。如果只注意营养而缺乏体育运动，会使人肌肉松弛，肥胖无力，机能减弱。反之，进行体育运动而缺乏必要的营养，体内消耗的物质能量得不到应有的补充，也会使人的机能减弱，并可引发营养缺乏症，有碍身体健康。因此，要想使体育运动获得良好效果，必须有适当的营养作为保障。可见，科学的营养是健康和长寿的重要因素，也是体育健身的必要条件。从这一观点出发，学者们指出一个公式为：营养→运动→健康，即营养是运动的基础，运动是通向健康的道路。

良好的健身效果需取决于两个基本条件：科学运动＋合理营养。因此，需根据不同的健身目标，科学地利用营养因素。

❖ 营养素

营养素是食物中的有效成分，也就是俗话说的“养料”。人们正是通过食物中的这些营养素来达到营养的目的。人体所需要的营养素有糖、脂肪、蛋白质、维生素、矿物质、水和食物纤维等 7 类。糖、脂肪和蛋白质由于其特殊的地位和功能，被称为三大营养素。

1．糖

糖是体育活动中最重要的能量来源，因为它是供给肌肉收缩的主要能源。糖由碳、氢、氧三种元素构成，其中氢氧的比例为二比一，和水一样，故称碳水化合物。碳水化合物是食物中最主要的也是最基本的供能物质，每克碳水化合物大约含热量 4 千卡。在人们的一般饮食结构中碳水化合物占总供能的 46%，然而目标是要达到碳水化合物供能占总供能量的 58%。碳水化合物中包括那些可用于供能的可消化类型（如淀粉和糖），以及那些纤维等不能消化的食物类型，像果酱、软饮料、牛奶中有糖，而杂粮、面包、蔬菜中有淀粉。根据分子结构的简繁，糖可分为三大类，即单糖（葡萄糖、半乳糖、果糖）、双糖（蔗糖、麦芽糖、乳糖）和多糖（淀粉、糖原、纤维素与果胶）。

单糖中的葡萄糖是最值得注意的一种单糖，因为它是唯一能够被机体以自身形式直接利用的糖分子，所有其他形式的糖都必须转变为葡萄糖后才能被机体利用。饭后，葡萄糖以糖原的形式贮存在骨骼肌（肌糖原）和肝脏（肝糖原）中。肝糖原分解成葡萄糖进入血液就成为血糖，血糖常转变为脂肪贮存在脂肪中以备将来的能源利用。

糖是运动中的重要能源。关于运动中能量消耗的研究证明，碳水化合物，尤其是单糖类物质，能被机体迅速地消化和吸收，且分解产热快。运动时肌肉的摄糖量可达到安静时的20倍以上。运动使体内的糖大量消耗，体内糖原贮量与运动能力成正比关系。糖原贮备减少，可导致机能和机体耐久力下降。因此，在运动前或运动中合理补充糖，可以减少糖原消耗，提高血糖水平，有利于提高运动能力。

我国传统的饮食习惯是以碳水化合物为主要热量来源（占含热量的70%以上），这种饮食结构对人体的好处是：消耗吸收率高，可直接供给机体所需能量，是最为迅速有效的能量来源，是我国居民保持强健体魄、心脑血管病发病率低的重要原因。但碳水化合物的缺点是消化吸收快，胃肠排空迅速，易产生饥饿感，还易造成胃袋大、胃下垂、食量大等不良现象。此外，由于糖在体内吸收迅速，当热量需求过小时，又容易转化为脂肪贮存起来，因而是引起肥胖病的根源之一。

2. 脂肪

脂肪是能量的另一种重要来源，每克脂肪所含的热量（9千卡）要多出碳水化合物的两倍。在室温的条件下，脂肪有液态的（如植物油），也有固态的（如猪油）。液态的植物油含不饱和脂肪酸较多。尽管每克液态和固态脂肪所含的热量是相同的，但对健康而言它们所起的作用是不同的。饮食中的高脂肪与心脏病的高发病率有关，在这一过程中饱和脂肪起了重要的作用。因此也就不难理解，合理饮食中的脂肪摄入的总量大大减少，从42%～30%，同时大大减少饱和脂肪的摄入量，从16%到小于10%，同时另一种类型的脂类——胆固醇的摄入量也设定在300毫克/天。

脂肪由一个分子甘油和三个分子脂肪酸构成，故称甘油三酯。脂肪是能量贮存的有效形式，每克脂肪所产生的能量是每克糖或蛋白质的两倍多。脂肪是提供人体热量的食品，是机体的"燃料库"。

膳食中过多的脂肪摄入易贮存于人体的皮下和内脏器官周围的脂肪组织中。脂肪不仅来源于膳食中的脂肪，也来自膳食中过多的糖和蛋白质的转化。尽管体内可以合成脂肪，但脂肪中有些脂肪酸是人体不能合成的，必须由食物提供，这些脂肪酸称为必需脂肪酸。所以膳食脂肪是必不可少的，是这些必需脂肪酸（如亚油酸、亚麻酸等）的唯一来源，而这些必需脂肪酸又对保持机体的正常生长和皮肤的健康是非常重要的。

3. 蛋白质

蛋白质（protein）是生命的物质基础，没有蛋白质就没有生命。因此，它是与生命及与各种形式的生命活动紧密联系在一起的物质。机体中的每一个细胞和所有重要组成部分都有蛋白质参与。蛋白质是构成机体组织细胞的主要物质，也是构成体内酶、抗体、激素等维持生命所不可缺少的物质。蛋白质的主要功用不是供给热能，而是当摄入氨基酸过多，或体内需要时，蛋白质也能分解供给热能。

蛋白质的最好来源是动物性食物和植物性豆类食物。动物性蛋白与植物性蛋白相比较，具有更大的优越性。它所含的氨基酸的组成方式和人类的蛋白质相类似，对人体的营养价值也高，故称“优质蛋白质”。我国食物消费基本上属于高谷物膳食类型，总体营养水平还比较低。动物性蛋白质比重明显低于世界水平，也低于亚洲和发展中国家的平均水平。其次是食物消费中优质蛋白质食物所占比例小。近年来所进行的调查显示，这种状况已经有了很大的改变。

每克蛋白质提供与糖相等的热量，也是 4 千卡 / 克，却不是主要的供能物质。因为蛋白质中含有氨基酸，可用于组织细胞的生长发育和修复，所以它是一种极其重要的营养成分。鸡蛋、肉、鱼、奶、禽类肉、乳酪和大豆中含有高质量的蛋白质，谷物、蔬菜、种子和坚果中含有植物蛋白，然而人每天却需要更多的植物蛋白。成年人

每天每千克体重只需要 0.8 克蛋白质，因此，一个 70 千克的人每天只需要 56 克的蛋白质，快速生长的婴儿每天每千克体重需要 2.2 克蛋白质。每个人应吃更多的鱼肉、禽类肉、低脂制品，而不是吃更多的红肉和常规的奶制品。

4．维生素

维生素是食物中含量特别少的一种特殊的营养物质，但它对机体的正常功能却必不可少。根据其溶于水和脂肪的能力，将其分为水溶性和脂溶性两类。脂溶性维生素包括 A、D、E、H 和 K，由于它们的溶解性能，它们可储存于人体内，并非每天都需要从外界摄取。

脂溶性维生素对人体的一个潜在的危险是，如果长期摄入过多的脂溶性维生素会造成高维生素症，一种可致神经紊乱、胃肠疾病和对肝脏造成损伤的毒症。水溶性维生素包括维生素 B、维生素 C、叶酸、泛酸和生物素，由于任何多余的水溶性维生素都可以通过尿液排出体外，所以很少能造成维生素症。但是高水平的水溶性维生素对人体也有毒害作用，因此也应避免过多摄入。

大多数维生素机体不能产生，必须由膳食供给，而维生素 A、D 和 E 则能由机体少量产生。由于维生素易在烹调中丧失，因此最好生吃和蒸蔬菜以保持其最大的营养价值。维生素存在于几乎所有的食物中，合理地选择食物，正确地加工和烹调，对保证人体获得必要的维生素是很重要的。

5．无机盐

矿物质和维生素一样重要，机体只需要少量就可维持正常机能。无机盐又可分为两类：宏量元素和微量元素，宏量元素包括对骨骼起重要作用的钙、对神经肌肉起重要作用的钾和钠以及对人体内许多酶起重要作用的镁等；微量元素包括血液中氧运输所必需的血红蛋白中的铁、调节正常代谢率所必需的腺垂体中的碘、与许多酶正常功能有关的锌、硒、铜等。人可通过摄入全面平衡的饮食获取每天所必需的这些矿质元素。但是妇女常常会缺乏铁和钙，所以有必要考虑给妇女适当补充这些矿质元素。

6．水

我们往往会忽视水这种营养成分，然而如果一个人几天不摄入水可能就会有危险，甚至会造成死亡，但对于其他的营养成分却并非如此，如我们不摄入其他营养成分可能会耐受很长一段时间而仍然存活。水主要来自固体食物和饮料，运动出汗后水的补充非常重要，如果体内失水后得不到及时补充，使会造成热损伤。人体内水的含量也会随着摄入食物种类的不同而变化，体内碳水化合物的储存也需要水，如肝脏和肌肉储存 1 千克的碳水化合物需 2.7 千克的水。如果一个人摄入低糖饮食，一两天后体内的碳水化合物的储量会急剧下降，同时储存在碳水化合物中的水也随之丧失。这就解释了为什么人们常常在低糖饮食后会经历一个体重迅速下降的过程（但不是脂肪的减少）。请记住，要减少 0.45 千克的体脂需要消耗 3500 千卡的热量，但很少有人能在一天内达到这一目标。这种能致使体重迅速降低的饮食方案只是使体内的水分减少了，但这种减少终究会被补充。同时请不要忘记只有热量的消耗才能对体重的减轻有意义，并非摄入食物的类型。

7．膳食纤维

膳食纤维实际上是碳水化合物的一种，它是由多糖分子缩合而成的。但这种碳水化合物却不能给机体提供能量，也不能被机体消化吸收和利用，故以往被人误称为无效碳水化合物。它们是纤维素、半纤维素、果胶、木质素、树胶等。

膳食纤维有助于通便。膳食纤维通过消化道，可吸收水分而使体积变大，促进肠道的蠕动，使肠内容物在肠道的停留时间缩短，

有促进排便的作用。膳食纤维能降低血液中的胆固醇和甘油三酯的水平，膳食纤维可以促使胆固醇在肠道中排出，使胆酸盐和脂类在吸收中减少，因而减少了血液中的胆固醇和甘油三酯的水平。高膳食纤维不仅降低了每日糖类的摄入量和肠内糖的可吸收浓度，而且能调节胰岛素的分泌，使血糖与胰岛素处于一种理想的水平，达到治疗糖尿病的目的。

膳食纤维主要来源于植物性的食物，如绿叶蔬菜、水果、粗粮、根茎类、豆类等。含膳食纤维较多的食物有木耳、蘑菇、玉米、小米、荞麦、芹菜、韭菜、大葱、菠萝等。动物性食物中所含的膳食纤维量很少。一般成年人每日膳食中的纤维素摄入量应在 25 ～ 30 克。

营养食物

人类主要从食物中获得营养，自然界中可供人们生存所食用的动植物有上百种。学者们根据不同的标准对这些食物进行不同的分类，如日本学者将其分为三类，即红类、黄类和绿类。红类食物包括肉、鱼、蛋、大豆、奶类、海藻类；黄类食物包括谷类、薯类、白糖、油脂、肝油等；绿类食物包括绿黄（有色）蔬菜、其他蔬菜和水果、奶类、海藻等。由于科学的进步和食品工业的发达，人类生产加工出的各种营养食品更是无法计数。

在今天的食品货架上，各式各样的食品已使人眼花缭乱，诸如绿色食品、美容食品、减肥食品、高血压食品、糖尿病食品、老年人食品等。究竟选取何种食品为宜，除了必须考虑其必要的价格比之外，重要的是了解各种食物的营养特点，以及身体对其的需求量。只有达到这一点，食物才在保健强体方面起到良好的作用。

对目前营养学的研究进行综合分析，可以认为，下列八类食物对人体的生长发育和增进健康具有重要的作用。

❖ 谷类食物

谷类的种类很多，主要有稻谷、小麦、玉米、高粱、大麦、荞麦等，我们平常吃的主要是大米（稻谷）和面粉（小麦）。谷类食物可分为细粮和粗粮，细粮是我们平常吃得最多的大米、小麦；粗粮和杂粮主要是玉米、小米、高粱、薯类，比如说，我们平常吃的土豆（马铃薯）、红薯（地瓜）、木薯等。

❖ 豆类食物

我国传统饮食讲究“五谷宜为养，失豆则不良”，意思是说五谷是有营养的，但没有豆子就会失去平衡。可见豆类的营养价值非常高，

不论宝宝还是成人，每天豆制品的摄取是很有必要的。

豆类所含蛋白质含量高、质量好，其营养价值接近于动物性蛋白质，是最好的植物蛋白。其氨基酸的组成接近于人体的需要，是我国人民膳食中蛋白质的良好来源。豆类所含的脂肪以大豆为最高，可达 18%，因而可作为食用油的原料，其他豆类含脂肪较少。豆类含糖量以蚕豆、赤豆、绿豆、豌豆含量较高，为 50% ～ 60%，大豆含糖量较少，为 25%左右。因此，豆类供给的热量也相当高。豆类中维生素以 B 族维生素最多，比谷类含量高。此外，还含有少量的胡萝卜素。豆类富含钙、磷、铁、钾、镁等无机盐，是膳食中难得的高钾、高镁、低钠食品。

❖ 肉类

我国人民的主要肉食为猪肉，其次为牛肉、羊肉和禽肉。它们可供给人体所必需的多种氨基酸、脂肪酸、无机盐和维生素，且味道鲜美，饱腹作用强。

肉类食物的蛋白质含量在 10% ～ 20%，其必需蛋白质及利用率都相当高。肉类食品中含有多种必需氨基酸，并且富有植物性食物中所缺少的精氨酸、组氨酸、赖氨酸等。肉中含脂肪 10% ～ 30%，其中以饱和脂肪酸为主，胆固醇多存在于动物的内脏，尤以脑、肝、肾含量高，多食对人体健康不利。

❖ 鱼类

鱼是人类食品中动物蛋白质的重要来源之一，鱼不仅营养丰富，而且美味可口。古人有“鱼之味，乃百味之味，吃了鱼，百味无味”之说。鱼不但味道鲜美，还对人体有多种保健功能。鱼类含动物蛋白和钙、磷及维生素 A、D、B_1、B_2 等物质，比猪肉、鸡肉等动物肉类都高。鱼肉所含蛋白质都是完全蛋白质，蛋白质所含必需氨基酸的量和比值同人体的相似，最适合人体需要，容易被消化吸收，其吸收率高达 96%。并且，由于鱼肉肌纤维较细，有大量可溶性成胶物质，结构柔软，这些就更适合病人、中老年人和儿童食用。鱼类含有一种只有水生动物才具有的不饱和脂肪酸，它能降低胆固醇和甘油三酯，防止血液凝固，对冠心病和脑出血病的防治有很好的作用。据调查，爱斯基摩人中患冠心病的极少，这同他们常年食鱼有很大关系。鱼类含有维生素 D，它是儿童成长期不可缺少的物质，可防止软骨病、夜盲症等。鱼类含有磷、钙、铁、碘等物质，更有大量的核酸，核酸是组成细胞的基础物质，人体的生命活动离不开核酸。

❖ 蛋类

蛋清和蛋黄分别约占总可食部分的 2/3 和 1/3。蛋清中营养素主要是蛋白质，不但含有人体所需要的必需氨基酸，且氨基酸组成与人体组成模式接近，生物学价值很高。全蛋蛋白质几乎能被人体完全吸收利用，是食物中最理想的优质蛋白质。在进行各种食物蛋白质的营养质量评价时，常以全蛋蛋白质作为参考蛋白。蛋清也是核黄素的良好来源。

❖ 奶类

常见的奶制品可以分为天然的液态奶和加工成的奶制品。天然的液态奶就是我们通常所指的鲜奶，如牛奶、羊奶、马奶。其中牛奶的食用量是最大的。加工成的奶制品主要常见的有酸奶、奶粉、炼乳、奶酪等。奶类营养成分齐全，组成比例适宜，容易消化吸收，是营养价值高的天然食品。在各类食品中，奶类营养最为齐全，所含的蛋白质、脂肪、碳水化合物、矿物质、维生素等营养素的配比十分平衡，因此，对儿童体格和智力的发育具有重要作用。奶及奶制品对于骨骼健康也是非常重要的。从营养学角度来说，奶及奶制品是膳食钙的主要来源，而且是最优质的来源。奶类有富含儿童青少年生长发育所需的优质蛋白质和维生素，钙含量和生物利用率都很高，是强化维生素 D 的重要载体。儿童青少年补充奶类或奶制品可以改善其骨骼发育。

❖ 蔬菜

蔬菜是我国膳食中的重要组成部分，其所占食物的构成比为33.7%。蔬菜的品种很多,可分为根茎类（其中,有些种类又称薯类），嫩茎、叶、苔、花类，瓜类，茄果类，菌类，藻类等，各个品种间的营养素的组成和营养价值有比较大的差别。

蔬菜中的碳水化合物包括淀粉、糖、纤维素和果胶。根茎类（尤其是薯类）含有较多的淀粉，一般含量可达到 10% ～ 25%。薯类在一些地区的膳食中占有相当比例，为人体热能的重要来源。一般蔬菜中的淀粉含量只有 2% ～ 3%；一些有甜味的蔬菜中含有少量单糖和双糖。蔬菜中的纤维素、半纤维素、果胶含量丰富，是人体膳食纤维的重要来源。

蔬菜中含有丰富的矿物质，如钙、磷、铁、钾、钠、镁、铜等，是膳食中矿物质的主要来源，不仅满足人体的需要，对维持体内酸碱平衡也起到重要作用。含钙较多的蔬菜有海带、紫菜、发菜、口蘑、黑木耳、毛豆、白菜苔、金针菜、雪里蕻、油菜、苜蓿、苋菜、菠菜、小白菜、芫荽、汤菜、香椿、萝卜缨、油菜等;含铁较多的有黑木耳、发菜、藕、金针菜、水芹菜、紫菜、苜蓿、口蘑、羊肚菌等。

大多数蔬菜中虽然含有比较多的矿物质，但同时也因含有较多的草酸和膳食纤维，而影响自身以及其他食物中钙、铁等矿物质的

吸收。所以在选择蔬菜时，不能只考虑其钙的绝对含量，还应注意其草酸的含量。草酸能溶于水，食用含草酸较多的蔬菜时可先焯水，去除部分草酸。这类蔬菜有菠菜、苋菜、蕹菜、竹笋、毛豆、茭白等。

❖ 水果

水果中常含有各种芳香物质、有机酸和色素，能使食物具有特殊的颜色，赋予其良好的感观性状等。如水果中的有机酸能刺激人体消化腺的分泌，增进食欲，有利于食物的消化。有机酸还可使食物保持一定的酸度，对维生素 C 的稳定性具有保护作用。水果中还常含有一些酶类、杀菌物质和具有特殊生理活性的植物化学物质。如萝卜中含有淀粉酶，生食时有助于消化。

食物如何搭配，才能保证人体所需的基本营养，这是一个具有重大理论和实践意义的课题。膳食专家曾提出了一些建议，认为应从四组基础食物中选择食物。这四组食物为豆类、粮食和坚果，水果和蔬菜，家禽、鱼、肉和蛋、奶制品。尽管这些建议仍有一定的意义，但缺点是没有阐明这些不同食物的最理想的比例。

“人体营养宝塔”，形象地说明了健康膳食的最新推荐量。它把平衡膳食的原则转化成各类食物的重量，并以直观的宝塔形式表现出来，便于日常生活中实行。膳食中用平衡膳食宝塔可达到两个重要的目标。第一是将可能产生疾病的相对膳食比例减少到最小。第二是将营养丰富的食物（如含有高微量营养素的食物）增加到最大。因此，通过与平衡膳食宝塔的比较，可以得到一个含三大营养素和其他营养素的合理的平衡营养方案。

体育健身与营养

❖ 体能与营养

营养是健康的根本，食物是营养的来源。科学饮食是人类健康长寿的基础和保证，同时能够促使新陈代谢加快，体能消耗加大，营养需求增高。如果没有科学合理的饮食做保证，将造成体力下降、精力减弱、抵抗力降低，进而影响健康。

1. 糖与体能

运动中能量消耗的增加，加大了对能量的需求。体育锻炼中提供机体能量的主要物质是糖和脂肪。在运动时并不缺少脂肪，因为即使很瘦的人也有足够脂肪提供能量。然而，在大强度和长时间的运动中，肝脏和肌肉中的糖可降低到临界水平，导致了疲劳发生。糖作为能源在运动中起关键作用。所以科学家建议参与运动的人应

该增加膳食中多糖的摄入，摄入范围为摄入总能量的 58% ～ 70%，但需将脂肪的摄入减少到总能量的 18%。有的糖果生产厂家声称在运动前摄入糖果作为快速的能源补充，这是不对的，因为这类糖果缺少运动所需的微量营养素。重要的是增加膳食中多糖的百分比，且保持足够的能量摄入，才能够保证肌肉和肝脏中糖的供能，以满足大强度运动的需要。

2. 蛋白质与体能

在进行力量练习的人群中，一些人错误地认为必须补充额外的蛋白质才能促进肌肉生长和强壮。事实上，许多力量练习时消耗的大量蛋白质可以由他们正常的膳食蛋白所补充。因此，从事力量练习者增加的能量需要应该来自食用合理平衡膳食宝塔中的食物，而不是简单地额外补充蛋白质。总之，进行力量练习的人不仅要补充三大营养素，而且也要补充促进能量产生所需要的微量营养素。

3. 维生素与体能

一些维生素生产者声称服用大剂量的维生素可以提高运动能力。这种说法是基于以下观念，即运动增加了能量需要，而维生素具有分解食物转换为能量的作用，额外补充维生素对能量的产生有作用。但是尚没有确切的证据支持这种说法。肌肉收缩的能量供给并没有因为维生素的补充而增加。事实上，大剂量地补充维生素可能造成维生素和其他微量营养素之间的脆弱平衡的失调，也有可能出现维生素的中毒反应。

4. 抗氧化剂与体能

近来的研究发现某些维生素和一些无机盐有新的功能。这些维生素和无机盐可作为抗氧化剂，对细胞具有保护作用。抗氧化剂是一些化学物质，它可阻止氧对细胞的损害，即可阻止氧自由基对细胞的攻击。体内不断产生自由基，而过多的自由基产物与癌症、肺病、心脏病和衰老过程密切相关。若在自由基产生时，抗氧化剂能够和

自由基结合，这样就大大地降低了自由基的毒性。因此，增加抗氧化剂的水平对健康不仅有益，而且可以预防肌肉损伤和疲劳。

❖ 平衡膳食

平衡膳食（balance diet），又称健康膳食，健康膳食是指膳食中所含营养素的数量充足、种类齐全、比例适当，并且与机体的需要保持平衡。平衡的膳食表现为由多种食物构成，能为人体提供足够数量的热能和各种营养素，满足其正常生理的需要，而且还要保持各种营养素之间数量的平衡，以利于消化和吸收。

除出生至6个月之内的婴儿用母乳喂养可以达到平衡的膳食外，可以说没有哪一种单一的天然食物能称得上是人类的平衡食物，只有互相匹配的多种食物才可以构成实际生活中的平衡的膳食。应该说，平衡膳食是人类理想的膳食，其基本要求是：

1. 三大热能营养素平衡。蛋白质、脂肪和糖是人体的三大能源物质，其中最主要的是糖和脂肪对蛋白质的节约作用，即足够的糖和脂肪可减少蛋白质作为能源而消耗的部分。

2. 蛋白质中氨基酸平衡。

3. 不饱和脂肪酸和饱和脂肪酸的平衡。人体的必需脂肪酸都是不饱和脂肪酸，在植物油中含量较高。

4. 无机盐之间的平衡。

5. 维生素和其他营养素之间的平衡。为了达到平衡膳食，必然要求膳食能全面地提供各种比例合适的营养素，使其相互配合而相得益彰。供给平衡膳食，应包括7类食物：谷类、食用脂肪类、肉类（如肉、鱼、蛋等）、根茎薯类、牛奶（或奶制品）类、水果类和蔬菜类。而各类食物的数量及质量，应该根据儿童、青少年消耗量合理搭配供应，必须注意食物多样化及某些容易缺乏的营养素的补给。

❖ 人体不可缺少的几种重要营养成分

1．蛋白质

蛋白质在体内的储存量甚微，营养充分时可储存少量（约 1%）。而人体的蛋白质每天有 3% 要更新，其中部分来自体内蛋白质分解后重新合成，部分则需从食物中摄取。因此，每天必须供给一定量的蛋白质，才能满足机体需要。

蛋白质供给量受两方面因素影响：一是人体的生理状况，如儿童、孕妇、乳母、伤病康复和重体力劳动等，在这些情况下机体对蛋白质的需要量增加；二是蛋白质的质量，摄入生物价高的蛋白质时，需要量较少，反之需要较多。蛋白质的需要量还与热量有关，当热量摄入不足时，机体对蛋白质的需要量增加。

我国目前膳食以植物性蛋白质为主，其生物价较低，成年人的供给量为每日体重 1 ～ 1.5g ／ kg。蛋白质供给的热能，应占一日膳食总热能的 10% ～ 14%，儿童为 12% ～ 14%，成人为 10% ～ 12%。

2．维生素

维生素是维护身体健康、促进生长发育和调节生理机能所必需的一类（低分子）有机化合物。人体不能合成维生素，必须从食物中获取。维生素种类较多，化学性质不同，生理功能各异。维生素虽不是机体构成物质，也不供给热能，却对人体生物氧化等代谢过程有重要作用，当机体中某种维生素缺乏或不足时，就会引起代谢紊乱，出现相应的病理症状。

人体所需的维生素有 10 多种，按其溶解性质分为脂溶性与水溶性两大类。脂溶性维生素主要有维生素 A、D、E、K；水溶性维生素主要有维生素 B_1、维生素 B_2、维生素 PP、维生素 B_6、维生素 B_{12}、维生素 C 等。

维生素在体内的储存量一般很少，必须从食物中摄取。合理地选择食物，正确地加工和烹调，对保证人体获得必要的维生素是很重要的。若摄入维生素不足，会影响正常代谢和生理机能，严重的会发生维生素缺乏症。

维生素对于运动员十分重要，它不仅是保证身体健康所必需的，而且有的维生素直接影响人体的运动能力。

摄入维生素必须适量，少了可引起缺乏病，多了对机体不仅无益，反而有害。如维生素 A、D 摄入过多会蓄积于体内而致中毒。过量的维生素 B 和维生素 C 会引起代谢紊乱和产生对其他维生素的拮抗作用，导致不良反应。人体主要通过食物摄取维生素，这不会过量，所以在食物供给充分的情况下，一般不必另外补充维生素制剂。

3．无机盐

（1）人体所含无机盐的种类

人体内所含无机盐的种类很多，总量占体重的 4% 左右，其中含量较多的钙、磷、钠、钾、氯、硫、镁 7 种，称为常量元素；含量较少的铁、碘、氟、硒、锌、铜等，称为微量元素。

（2）无机盐的对人体的功用

矿物质对人体十分重要，各种元素都有独特的功能，总的可概括为：参与构成机体组织，调节生理机能，维持正常代谢。

人体在物质代谢中每天有一定量的无机盐排出体外，必须从食物中得到补充，以保持体内的动态平衡。若不能得到满足，体内的代谢和生理机能就会受影响，甚至发生疾病。但摄入过多也对人体有害，必须适量。

人体所需的矿物质，多数在正常膳食下都能得到满足，但有些地区容易缺乏，有的微量元素受限于地质环境的，还会发生地区性的缺乏。

❖ 正常人的营养标准和消耗量

1. 营养物质及其供给的安全量

在现实生活中，制定各类人群的营养素的推荐量是极其重要的。制定各类人群对各种营养物质的推荐量，一般称推荐膳食供给量。按照这一推荐量来调节人们的饮食，是最为安全的，因而又称安全量。这些指标是以特定人群中的个体在正常活动过程中的需要量为基础。因此，有必要对下列问题进行说明：

（1）由于某一种营养素的需要量，是在有代表性的一群个体中求出的，因为他（她）们之间可能每个人的需要量不完全相同，甚至会有较大的差异。

（2）推荐的供给量或安全量是指针对一个特定年龄、性别的群体而言的，这一个数量可满足这一群体中 95% 以上人群的需求。因此，以这一个量提供给这一个群体，其发生营养不足的概率是接近于零的。

（3）在各种不同年龄的群体中，最值得关注的是婴儿与老人。将营养素推荐的安全量用于个体，是需要特别小心的。因为安全量的根据是从一个群体而来，是针对群体的。

（4）推荐量所指的是营养素，但直接提供给人体的却都是食物。而特定的营养素却又是多种多样的，故安全量要考虑到人们的食物因素，特别是这种特定的营养素在人体中的吸收与利用，或生物利用率，都是必须考虑的。

（5）影响使用推荐安全量的因素在环境条件中，气象条件是一个不可忽视的因素。应该特别指出的是：疾病是一个影响人体营养素需求量的很重要的因素，人体可以因为疾病而产生异常的代谢状态。

2. 中国居民膳食营养素参考摄入量的说明

每日膳食中的营养素参考摄入量，是为保证正常人身体健康而提出的膳食质量指标，供人们设计膳食与安排农副业生产时参考。这里需要说明的是如果摄入的量稍低于供给量，不一定意味着供给量就是不足，而是说这个量不够安全。随着食物生产的增加，加工方法的改变，人民体质和劳动条件的改善，以及营养科学的发展，供给量也是要不断修订的。

❖ 运动前后的饮食特点和营养的补充

营养对于从事运动的人的体质和运动训练成绩具有特别重要的意义。体质的好坏，除与先天的遗传和后天的训练有关外，还与长期所摄取的营养素的质和量密切相关。如果营养状况差，运动能力则会下降，更难以承受大强度、大运动负荷的系统训练，且易发生过度疲劳和伤病。若营养过剩，会导致运动者体重不适宜地增长，从而影响到运动成绩。因此，合理的营养是保证运动训练顺利进行的基本条件。

体育运动项目很多，由于各个项目的技术结构、运动强度和神经紧张程度不同，运动时的能量消耗和三大能源物质的分配也不一样。不同专项运动的营养特点简介如下：

1. 速度性运动的营养特点

速度性运动的代谢特点是能量代谢率高，运动中高度缺氧，能量来源主要依靠磷酸原系统和糖无氧酵解。因此，膳食中应含较多易吸收的碳水化合物、维生素 B_1 和维生素 C。同时还应有足够的蛋白质。

2. 耐力性运动的营养特点

耐力性运动的代谢特点是运动时间长，热能与各营养素的消耗大，能量代谢以有氧化为主。肌糖原消耗大，蛋白质分解加强，脂肪供能比例随运动时间的延长而增加。因此，应供给充足的糖，以增加体内糖原储备，以及丰富的蛋白质和铁（如瘦肉、鸡蛋、绿叶蔬菜等）。膳食中可适当增加脂肪含量和维生素 C 及维生素 B 族。

3．力量性运动的营养特点

力量性运动要求肌肉有较大的力量和较强的爆发力，所以肌肉对蛋白质的需要量大大增加，特别在训练初期，要供给充足的蛋白质和维生素 B_2。同时也要保障碳水化合物、铁、钙和维生素 B_1、维生素 C 的供给。

4．球类运动的营养特点

球类运动对速度、耐力、灵敏和力量等的素质都有较高要求，所以球类运动的营养供给应较全面。球类比赛间歇中，一般不必进食，可服少量含维生素 C 的饮料。运动员若感到饥饿时，可在饮料中加些葡萄糖。

5．游泳运动的营养特点

游泳运动使运动员散热量增加，能量消耗量加大。所以，其膳食的热能要高，同时要注意有较多的脂肪和维生素 A，以利于保持体温和保护皮肤。长、短距离的游泳项目不同，可参照前面耐力和速度运动项目的营养特点。

第七章

各年龄阶段的体育锻炼

儿童期的体育锻炼

儿童正处在生长发育阶段，体育锻炼可以促进其血液循环系统功能的完善，增强新陈代谢，刺激骨骼和肌肉的生长，另外坚持经常性的体育活动，使儿童机体经常接受自然条件各种变化的刺激，可提高机体的调节能力和适应性，使之能够适应冷热气温的变化，抵抗各种疾病的侵袭。从儿童的体育活动环境来分，儿童期体育可以分成两个部分，即学校教育中的体育和生活中的体育。

在我国的学校里，有专门的体育教师，有体育场地和器材作为保证。我国小学体育的任务，是促进学生身体的全面发展，掌握一定的动作技术和技能，培养道德和意志品质。在一些条件较好的学校里，基本上能做到每个学生每天有一小时的体育活动时间，在一般的小学，基本上也能做到每周两节体育课，坚持做广播操，开展有益于学生身心的课外体育活动。特别是“小学生体育合格标准”的贯彻实施，对促进小学生的身心发展起到了极为重要的作用。

学校单一的体育活动对促进小学生的身体发展是明显不足的。

相关研究认为，小学生的体育活动要占其全部活动的一半以上。因此，应当重视日常生活中的体育活动，这主要包括：家庭体育、儿童在校外自发进行的体育游戏、节假日体育活动、时令性体育活动等。对儿童来说，日常生活中的体育活动是必不可少的。它不仅是学校体育活动的继续，而且是儿童全面教育不可缺少的部分，对培养儿童锻炼身体的习惯和促进个性发展也是十分必要的。日常生活中的体育活动多是儿童自发组织的，他们对此兴趣高，自觉性强，通过日常体育锻炼，能有效地增强体质，促进运动能力的全面提高。

儿童时期的体育锻炼，首先应加强兴趣的培养，让儿童的自我意识得到充分发展，但健身锻炼的意识却十分薄弱。他们不能够将健身锻炼与健康成长和全面发展联系起来，参加体育活动的动机也很浅近，以追求好玩为基本目标。因此，一方面要注意提高体育活动中的趣味性因素，让学生在“玩耍”中受益。另一方面，要有的放矢地进行体育活动目的性教育，把锻炼与成才有机地结合起来。

其次，将课堂和家庭有机地结合起来。既要注意以体育课为核心，通过组织生动活泼的各类体育活动，培养学生的运动兴趣，发展身体运动能力，掌握某些动作技术技能，获得运动经验，同时要与课外体育活动融为一体，发展学生积极参与的个性品质，还要发挥学校体育的辐射作用，动员和督促家长带领孩子参加体育活动。特别是少年儿童的节假日较长，要适当做出安排，使孩子在假日中得到身体锻炼和精神陶冶。

最后，要科学组织儿童的各项健身锻炼活动。在身体素质的发展上，要以全面身体锻炼为主，特别是某些处于敏感期的身体素质，更是发展的重点。在体育知识的教育上，要以基本的体育和保健知识为主体。在实际运动中，运动的量和强度均不能过大，动作也不要过于复杂。

少年期的体育锻炼

少年时期是人进行体育锻炼的重要时期，人在成年后的身体形态、各种身体能力水平及个性特征均与少年期关系极大。同时，少年时期身心生长发育的可塑性很大，因而体育对少年的身心健康成长、发育有着重大的意义。因此，在终生体育中，少年期体育占有特殊重要的地位。

少年期体育与中学体育具有大致相同的含义。我国的中学体育是我国学校教育的重要组成部分，它大致包括体育课与课外体育两大部分。我国的体育课是由专门的体育教学大纲所规定的，并在物质上（如体育师资、体育场地、器材等）有着充分的保障。随着学校体育的改革和素质教育的进一步实施，课外体育活动也有了长足的进步。

少年时期的体育锻炼应注意以下几点：

1. 注意保持正确的姿势

少年儿童的身体还处在发育阶段，骨骼和肌肉的承受能力比成人小，容易出现变形和拉伤的情况。如果身体长期保持不正确的姿势，就容易发生骨骼畸形。因此，少年儿童在健身运动中，不管是站、立、跑还是跳等各种项目中，一定要学习掌握正确的姿势，这样坚持锻炼身体。如果发现他们有不正确的姿势，家长老师们应该督促其尽快改正。

2. 避免出现身体单侧发展的情况

由于少年发育的不完全，他们的骨骼容易发生变形。在有些健

身运动项目中，身体两侧的运动是不对称的，如乒乓球、羽毛球、投掷等运动项目。大多数人主要用右手和身体右侧运动，重点发展了身体的右侧骨骼和肌肉，但是左半身的发展相对比较慢，这样就容易发生身体两侧发展不平衡的情况。再如自行车、滑冰、跳远等项目主要是锻炼了下肢，对上肢的锻炼比较少，容易出现身体上下发展不平衡的情况。为了避免出现以上的情况，少年儿童在进行健身运动的时候，要注意全面锻炼身体的各个部位，全面提高身体素质。

3. 多进行柔韧性练习，少一些力量练习

根据研究发现，少年儿童不宜过早地进行力量练习，因为如果负重练习过多、强度过高，容易影响骨骼发育，尤其是下肢的发展，造成个子矮小、腿部变形和扁平足。由于这个时期人的肌肉生长速度比较快，可以进行一些适当的负重练习来锻炼肌肉的力量。针对青少年的身体发育情况，最好还是进行一些身体的柔韧性练习，可以促进身体的发育，增强协调性和灵活性。但是，也不要仅仅进行柔韧性的锻炼，应该与腰背肌肉练习以及身体其他部位的练习结合起来，这样才能够全面发展身体的各项能力，提高青少年儿童的身体素质。

4. 注意健身场地的地面硬度，避免脊柱变形

少年儿童最好不要长期在坚硬的水泥地面上运动，这是因为他们的骨骼发育不成熟，脊柱的生理弯曲比较小。如果他们总是在这样的场地上进行跑、跳等练习，对脊柱和下肢骨骼的冲击比较大，容易出现骨骼发育畸形的情况。

5. 坚持循序渐进的原则

和成年人的健身运动一样，少年在进行健身运动的时候也要坚持循序渐进的原则，应该安排与他们发育水平相当的运动量和运动强度。对于孩子们的身体发育来说，长时间的高强度运动、负重过大的运动，对他们来说都是不适合的。同样年龄的孩子，身体的发育情况可能会相差比较多，应该对这些孩子们加以区别对待，因人而异地安排健身计划。

青壮年期的体育锻炼

青壮年期是由学校体育走向社会体育的重要时期，是人的终生体育的重要环节。它要将学校里所学的各种体育知识和技能在个人的体育生涯中得到运用。在活动方式上，要由有组织的集体体育活动转变为分散的、以个体需要为前提的、注重锻炼实效的体育活动。在活动场地条件上，会显现明显的个体差异。

青年人的兴趣广泛，爱好多样，因此，在安排体育活动内容时，要考虑这一特点。由于前二三十年的人生道路不同，所受的教育及

体育素养存在着巨大的差异，他们在运动技术水平和身体素质上均有很大的不同。在考虑青壮年体育锻炼时，要十分注意其个体差异，选择适合自己的体育内容、手段和方法，开展多种类型的体育活动，为每个人提供身体锻炼的机会。

青壮年的身体肌肉、骨骼系统和内脏器官的机能均已发育到人生中的最高水平阶段，身体远端环节的控制能力和感觉运动的竞技能力均有十分明显的发展，这就为系统地从事竞技运动和大强度的健身运动创造了良好的条件。因此，这一时期，可从健身、健美、娱乐、竞技的多种需要出发，进行较大强度和较大量的锻炼、训练和比赛活动，以扩大身体的机能潜力。当然，所谓大强度和量是一个相对的概念，是因人而异的。不要片面追求大的强度而使身体受到伤害。

青壮年时期的体育锻炼应注意：

1．要进一步明确对体育健身重要性的认识

在青壮年时期，身体机能处于人生的最高水平，这无疑对人的生命活动极为有利。然而，有相当部分的青壮年，常常对自身身体状况估计过高，意识不到此时期进行健身锻炼的必要性，认为这一阶段“体育锻炼无必要”。其实，人们在中老年时期的许多疾病，常常是青壮年时期不注意锻炼，使身体过早地播下疾病的“种子”所致。健身锻炼不仅为保持健康所必需，而且是进一步提高身体机能的重要条件。此外，这一时期的健身锻炼，还可为终身的健康打下良好的基础。在对青壮年进行健身指导时，尤其要使其明确体育健身的重要性，提高其自觉性。

2．要根据生活和工作的实际需要，调整好身体锻炼的内容与方法

从青年到壮年，随着个人生活内容的改变（如成家、生育孩子等）、工作责任的确立，人的身体、心理和社会关系都在发生着重大的变化。体育活动内容和方式若不随之发生一些改变，则活动是难以坚持下去的。事实上，我国社会体育中的“两头热，中间凉”（系指老年和少年儿童参加体育活动的热情较高，青壮年对体育活动较为冷淡）现象，正是反映了这一不良趋向。因此，要对原有的体育锻炼制度进行某些调整，以期与新的生活和工作制度相匹配。要学会利用业余和假日进行健身锻炼。要根据新的锻炼目的需要，学习某些新的健身手段和方法，并逐渐形成习惯。

3．要注意发挥体育的多种功能

在青壮年时期进行健身锻炼，不仅能有效地增强体质，而且对

心理和社会适应能力均有极好的作用。它可以有效地增强人的意志力、自信心，培养坚韧不拔的意志等，还可有效地促进社会交往，培养良好的个性。此外，它对丰富业余生活，提高文化素养，适应现代社会对人的要求等有着很大的作用。要有意识地开拓体育的心理和社会功能，把青壮年吸引到体育活动中来。

中年期的体育锻炼

人到中年的时候，身体的器官开始老化，身体功能下降，这是人类生命发展的必然规律。但如此时进行适当的体育锻炼可以增强中年人的身体素质，推迟机体的退化进程。实验证明，中年人哪怕是坚持每天步行 20 分钟，对身体健康也是很有好处的。如果不参加体育健身活动，不仅机体衰老得很快，而且很容易患上“运动不足

病”。只有科学的健身方法才是对身体有益的，否则就很可能起到相反的效果。

中年期体育的内容与儿童期、青少年期的内容有很大的区别。在学生时期所学过的体操、田径、游戏、球类等，对于步入中年期的锻炼者来说已不大适宜。这不仅是因为活动条件的限制，最主要的是，他们的身体机能已经有些力不从心，他们的活动目的也在发生变化。

纵观中年期体育的内容，具有丰富多样的特点。包括健身体育、健美体育、娱乐体育、医疗康复体育、竞技体育和民族体育等。这些内容，都是超出学校体育之外的。对于个人而言，中年期的体育明显具有专一性的特点，所选择的内容不在多，而在于精。在多年的体育实践中，他们对所选择的体育内容的理解，应用的广度和深度已达到比较精深的程度。

中年期的体育锻炼应注意：

1．制订健身计划前进行体格检查

中年人在健身之前尤其要到医院进行正规的身体检查，检查的重点项目是心血管功能。由于长年的工作和生活的压力，中年人的身体状况已经大不如前，如果再加上一些不良的嗜好和不科学的生活习惯，那么中年人身体的很多组织器官功能已经亮起了红灯。据调查，中年人是各种突发性疾病的高发人群。虽然很多疾病和功能下降还没有明显地表现出来，但是已经出现了很多早期的征兆，如腰酸背疼、双腿无力、头晕、高血压等，这些都是身体功能下降的表现。

2．科学合理地安排健身运动

中年人的全身组织器官都有不同程度的老化现象，因此最好进

行比较全面的健身运动，让全身的各个部位都参加进来，如步行、游泳、跑步、健美操、太极拳、登山等项目都非常适合中年人。

锻炼时间不宜过长，以免身体过于疲劳。一般来说，每周3～5次，每次半小时左右即可。在进行健身运动的时候，还可以将半小时的时间划分为几个小部分，分别进行不同项目的运动，将运动强度相对比较大的项目放在中间的时间完成。中年人在进行健身运动的时候，应该先做好准备活动。准备活动的内容要与运动项目相关，将身体的各个部位活动开来以后再正式运动。如果不做准备活动，或者准备活动不当，易发生急性心脑血管疾病或者造成运动损伤。

3．严密注意身体变化，防止出现运动损伤

中年人在进行体育锻炼的时候，一定要密切注意身体和精神的变化情况。如果在健身运动后，感到精神愉悦、略有疲劳感但是能很快恢复、食欲良好、睡眠状况良好，说明运动是比较适合的。如果运动过后，感到精神倦怠，疲劳感不易消失，食欲不振，睡眠状况下降，则需要及时调整运动量和运动强度。在夏季锻炼的时候，最好选择比较凉爽的早上，并且适当补充水分，以免中暑。在冬季锻炼的时候，最好戴上帽子、手套等保暖衣物，以免冻伤和感冒。

老年期的体育锻炼

一般来说，男女60岁以上为老年期，从终生体育的角度出发，大致把60岁定为老年期的开始年龄。伴随着我国社会主义物质文明和精神文明的提高，我国的人均寿命不断延长，老年人口不断增多，许多城市已经进入老年社会。开展老年人体育，是中国社会体育发展的必然要求，也是老年人自身的迫切需求。

在老年期开展体育活动，对于老年人来说，是极为必要的，它

能有效地健身祛病、抵抗衰老，使老年的生活愉快、充实和幸福。事实上，一些身体健康、生活富裕而较少忧患的老年人，往往具有比自己的实际年龄更强壮的体力和精力，而且心情愉快、精神生活充实。

老年人的体育锻炼内容也是十分多样的，如游泳、散步、打太极拳、门球、旅游等等。老年人体育锻炼要遵循循序渐进、量力而行的原则。在运动强度的安排上宜小，在量上安排适宜，根据不同需要而有所区别。老年人既要服老，不要蛮干，也不能过于谨小慎微而害怕进行体育活动。

老年人由于身体的情况比较特殊，在健身的时候应特别注意以下几方面的问题：

1．在制订健身计划之前进行健康检查

老年人的组织器官已经出现了明显的衰退现象，再加上每个人的身体情况有所不同，因此最好在进行体育健身锻炼之前进行全面的身体检查，全面地掌握身体状况，为科学合理地制订健身计划提供依据。在自己不能准确判断运动项目是否合适的情况下，可以请专业人士根据检查结果来帮助制订合理的健身计划。

2．坚持循序渐进的原则

老年人由于体质比较弱，尤其要坚持循序渐进的原则进行健身运动。运动之前适当地做一些准备活动，然后从较小的运动量开始，逐渐增加运动量。人的身体承受能力是有限度的，老年人在运动的时候要等身体完全适应以后，再增加运动量，增加的速度要稍微放慢一些。

3．参加适宜老年人的运动项目

由于老年人身体的各个组织器官的功能都有所下降，尤其是肌

肉力量下降得比较快，所以最好不要参加速度性和力量性的健身项目，适宜多参加节奏比较慢、运动强度比较低、以提高心肺功能为主的有氧运动，如散步、慢跑、太极拳、健美操等运动，这些项目的运动可以有效提高心肺、呼吸系统、神经系统的功能。

4．避免剧烈运动

老年人在进行健身活动的时候，动作要缓慢而有节奏，同时调整呼吸，使呼吸的节奏和动作的节奏变得协调起来，这样可以减少体力的消耗。要根据自己的身体情况量力而行，因为这些动作会令血压增高、影响心脏血液回流，造成脑部供血不足等，从而危害身体健康。尤其是患有动脉粥样硬化的老人，应该避免身体任何部位的倒立，以免造成血压升高。

主要参考文献

[1] 杨忠伟. 体育运动与健康促进 [M]. 北京：高等教育出版社. 2004.

[2] 季浏，等. 体育与健康 [M]. 上海：华东师范大学出版社，2001.

[3] 相建华，张瑛玮，王东. 塑造金牌健身教练 [M]. 北京：人民体育出版社，2008.

[4] 范晓清. 休闲健身与损伤防治 [M]. 北京：人民军医出版社，2005.

[5] 列·巴·马特维也夫著. 姚颂平译. 体育理论与方法 [M]. 北京：北京体育大学出版社，1994.

[6] 陆学艺，苏国勋，李培林，等. 社会学 [M]. 北京：知识出版社，1991.

[7] 卢元镇. 社会体育学 [M]. 北京：高等教育出版社，2002.

[8] 李建国，董新光，等. 社会体育 [M]. 北京：人民体育出版社，2004.

[9] 高言诚，等. 营养学 [M]. 北京：北京体育学院出版社，1992.

[10] 颜绍泸，等. 体育运动史 [M]. 北京：人民体育出版社，

1990.

[11] 唐宏贵主编．体育健身原理与方法（修订本）[M]．武汉：湖北人民出版社，2011.

[12] 体育与健康理论教程编委会．体育与健康理论教程 [M]．北京：高等教育出版社，2002.

[13] 任建生．心血管运动生理与运动处方 [M]．北京：北京体育大学出版社，1996.

[14] 毕春佑，等．健身教育教程 [M]．北京：科学出版社，1996.

[15] 林志超．大学体育与健康教程 [M]．北京：北京体育大学出版社，2005.

[16] 刘运兴．健康新概念 [M]．济南：济南出版社，2004.

[17] 钱建龙．体育运动与身心健康 [M]．武汉：武汉大学出版社，2006.

[18] 曲绵域，等．实用运动医学 [M]．北京：人民体育出版社，1982.